ャルを引き出す
マと技術



## What: 何を対話するか
## ——すり合わせ9ボックス

| | 過去 | 現在 | 未来 |
|---|---|---|---|
| 組織レベル | 理念・制度・カルチャー | 人間関係 | 組織方針 |
| 個人レベル | パーソナリティ | ライフスタイル | 将来キャリア |
| 業務レベル | 振り返り | 業務不安 | 業務改善 |

# 対話型マネ

役割2

各ボックス間をつなげる

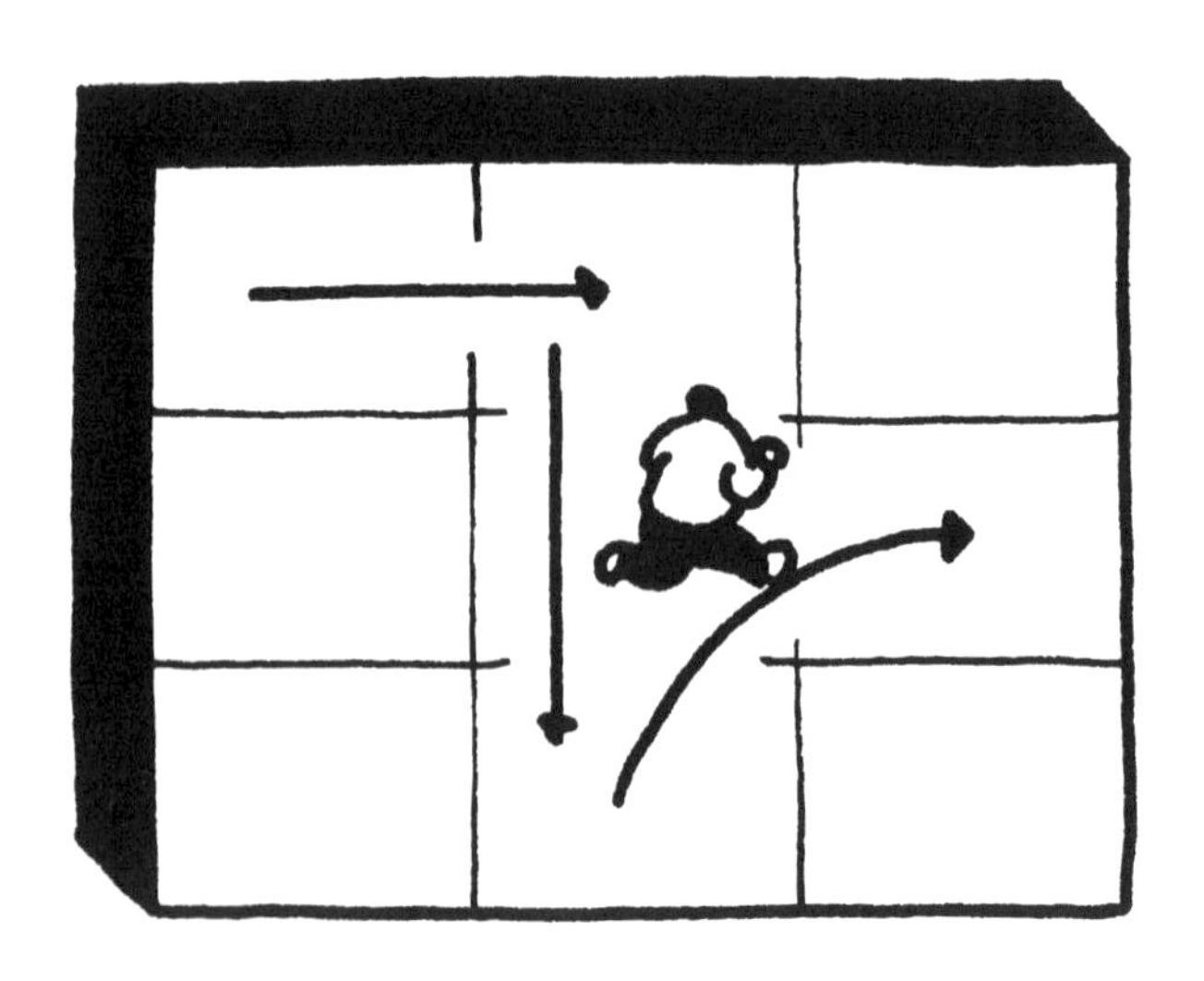

# ネジャーの役割

役割1

各ボックスをすり合わせる

# 部下のポテンシャ
# 対話のテー

How: どう対話するか
——すり合わせる技術

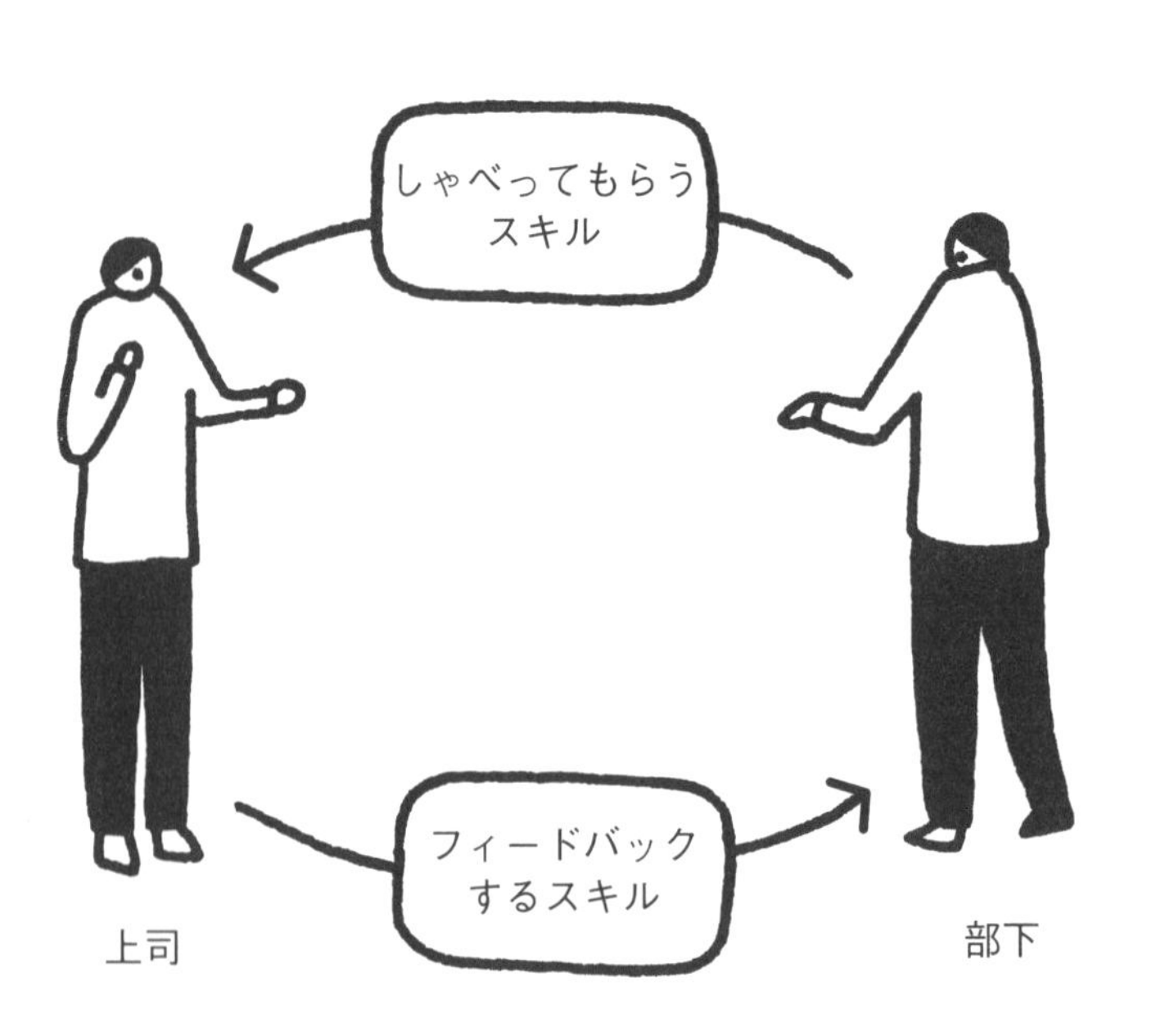

# 対話型マネジャー

## 部下のポテンシャルを引き出す最強育成術

Dialogue Manager
The Strongest Upbringing Technique to Bring Out The Potential of Subordinates

世古詞一
Seko Norikazu

日本能率協会マネジメントセンター

会社や組織において人は3つの要素を考えなければならない。

●**業務**

●**個人（自分）**

●**組織（自分以外）**

多くの人は入社当初、3つの要素がすり合っていて、不安はありつつも希望に胸が膨らんでいた。

「早く仕事で結果を出して（業務）、
能力を高めて（個人）、
組織に貢献していこう（組織）」

こんな風に、3つの要素はつながり、同じことのように考えられていたのだ。

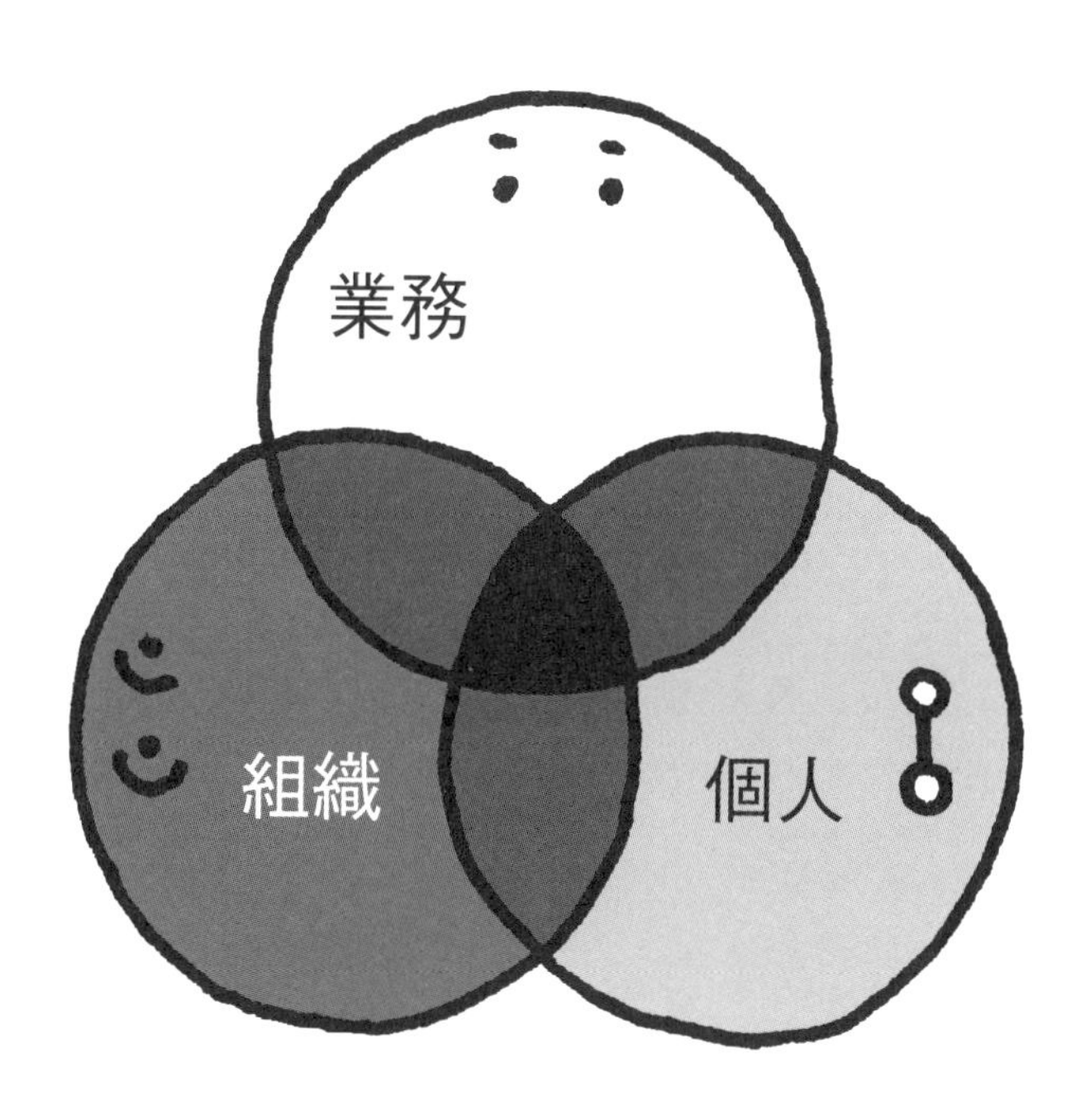
業務
組織
個人

しかし、入社してからしばらくたって業務に追われて日常化してくると、
次第にこの3つは、反目し合ってくる。

「今の仕事がつまらない（業務）から、
成長実感も湧かないし（個人）、
そもそも会社がどこに向かってるのか
わからないんだよな（組織）」

**こんな風に、3つの要素は離れていく。**
**その結果、人はやりがいをなくして**
**組織から去っていく。**

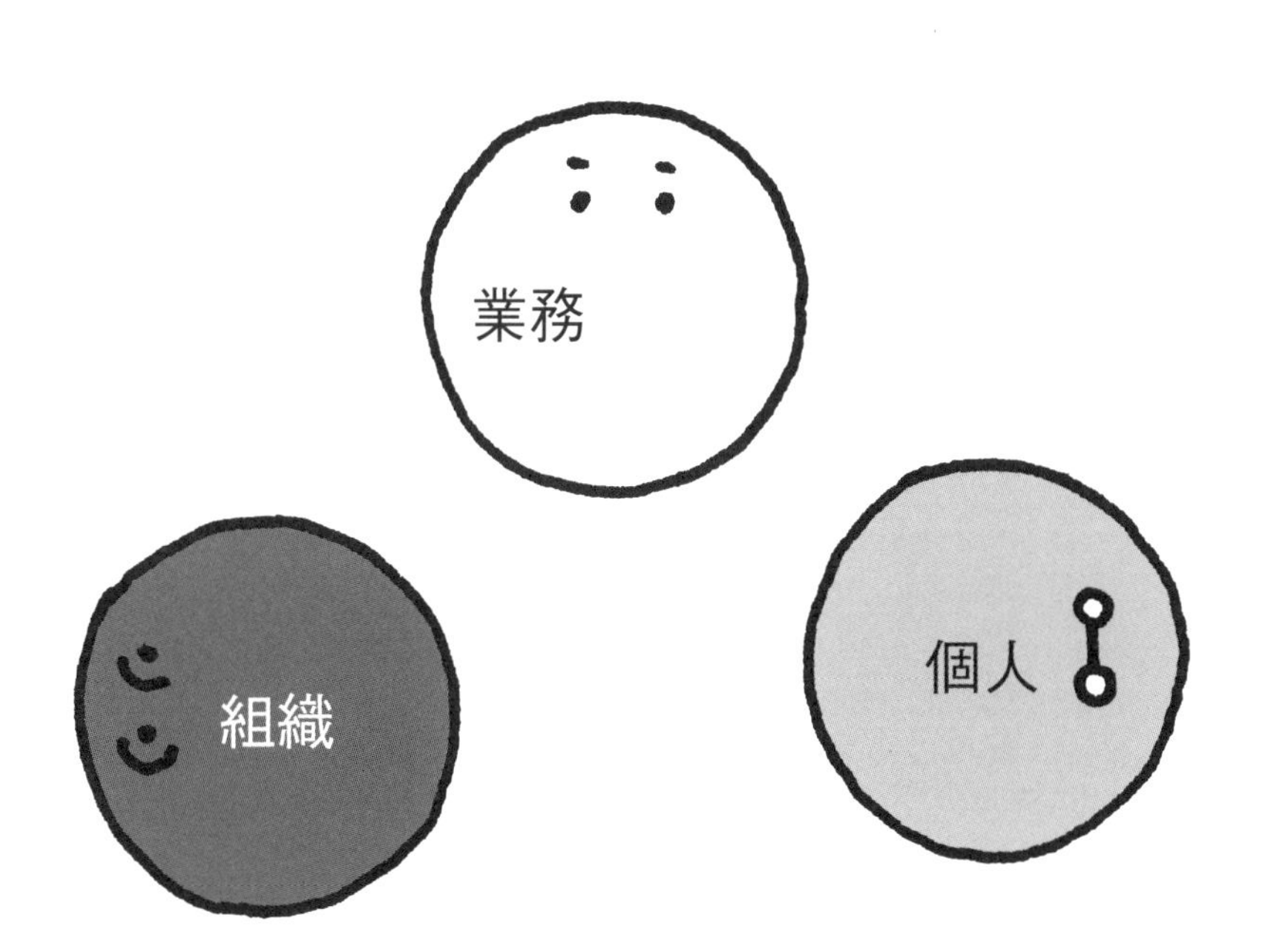
業務
組織
個人

本書では、組織に属する人が働きがいを感じながら、成長と成果を上げるために、
この3つ（業務／個人／組織）の側面について、

上司と部下が対話を通して
すり合わせをしていくことの重要性について説いています。

さらに、上司が具体的にどう対話を進めていけばいいのか、
つまり何を（What）どう（How）すればいいのか、
現場で実際に使える型とスキルを余すところなく紹介します。

この「対話によるすり合わせ」が組織で実施されていくことで、
上司はマネジメントが楽になり、部下は働きがいが向上し、組織のパフォーマンスは上がっていきます。

そして、この鍵を握るのは上司であるマネジャーです。
これから、マネジャーが組織でどんな対話を行っていけばいいのか、
その答えを探る旅にさっそく出かけましょう。

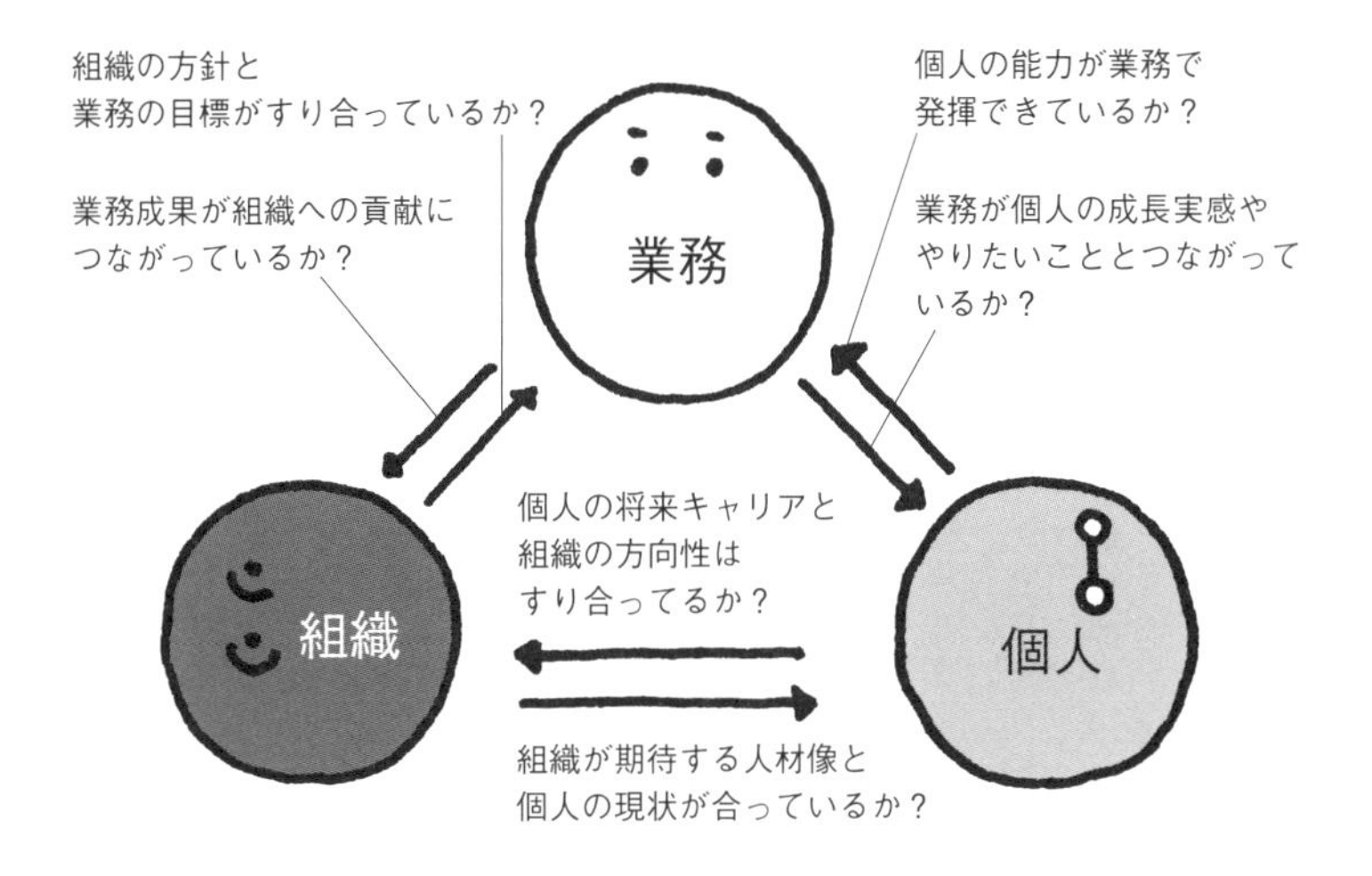
組織の方針と
業務の目標がすり合っているか？
業務成果が組織への貢献に
つながっているか？
個人の能力が業務で
発揮できているか？
業務が個人の成長実感や
やりたいこととつながって
いるか？
業務
組織
個人
個人の将来キャリアと
組織の方向性は
すり合ってるか？
組織が期待する人材像と
個人の現状が合っているか？

はじめに

# 今、組織では対話できるマネジャーが求められている

多くのマネジャーと話をしていると、よくこういった声を聞きます。

マネジャー「何度言ってもやらないんですよ。何を考えているのかわかりません」

私　「なるほど。部下の方の考えていることがよくわからないんですね」

マネジャー「そうです。僕らのときの〝普通〟が通用しないんですよ。全然目線がすり合ってないんです」

一方、部下の方と話をしていると、よくこういった声を聞きます。

部下「うちのマネジャーは言うことがコロコロ変わるし、こっちの状況を全然わかってないんです」
私「なんだか、考えていることが違いそうですね」
部下「そうなんです。マネジャーと考えが全然すり合ってないんです」

「すり合わせ」、どこの組織に行ってもよく聞く言葉です。「ちょっとこれ、上とすり合わせてきます」「それ、ちゃんとすり合わせた？」――あなたの職場でもよく耳にするのではないでしょうか。

私は組織人事コンサルタントとして、ときにはビジネスコーチとして、企業の方と面談やコーチングという形でお話をします。そのときに出てくる問題で一番多いのが、関係者、とくに上司や部下との対話がそもそも行われておらず、考えがすり合っていないということです。

いや、もう少し正確にいうならば、私との対話を通して「すり合っていない」という課題に気がつくのです。
普段は、先ほどの例のマネジャーのように「なんで何度言ってもできないんだろう?」という問題事象に留まっています。そこで、解決に向けて次回までに「部下と対話して考えをすり合わせてくる」という宿題が課されます。部下の方も同じです。

部下「正直、上が何をどこまで期待してるかわからないんですよね」
私「それ、上司の方に聞きました?」
部下「いえ、ちょっとタイミングがなくて聞いてないです。がんばって話してすり合わせてきます」

こんな一見、当たり前と思えるやりとりが非常に多いのです。つまり、問題が起きていることの原因が、上司と部下との認識の相違であり、それを対話によってすり合わせていないことが多々見受けられるのです。
この対話不足によって起こっていることは、「仕事を通して自己実現をしたい」「やりがいのある職場で働きたい」と考える優秀層の離職や、モチベーションが下がって自発性を失った退職予備軍といわれる従業員の増加などさまざまです。

昨今、働き方の意義が変わり、とくに自己成長が望めない職場から去る人が増えています。対話もなく、ただ業務に必要な情報を指示されて、それをこなすだけの生活を続けていることで起こる結果です。

しかし、部下が自分の言いたいことを言えて、マネジャーがそれをしっかりと受け止め、組織としての考えも伝えてくれる「対話」の場があれば、部下はもっと働きがいを持って仕事に取り組めるはずです。

このような状況の中、私は、前著『シリコンバレー式 最強の育て方 人材マネジメントの新しい常識1on1ミーティング』（かんき出版）で、組織の上司と部下の対話が不足していることに対して、1on1ミーティングの必要性を述べ、そのやり方についてご紹介しました。

そして、時流もあってか予想を超えるたくさんの反響をいただきました。最近では、1on1ミーティングは数多くの企業や組織で導入されて、各種メディアでも特集が組まれるなど、ある種の社会現象になるほどの勢いです。今日、組織における1対1の対話の重要性が増しているのをひしひしと感じます。

しかしその一方で、私はある1つの危機感を抱いています。多くの組織で1on1などの定期的な対話がなされ始め、おおむね開始当初は、上司・部下ともにお互いを知ることができて、高い満足度を示します。ただその後に、対話の必要性を理解し、効果的に継続していく組織と、だんだん話すネタも尽きてきて、マンネリ化し、形式的なものになっていく組織とに二分されるのです。一度対話が形式的なものになってしまうと、1on1などの場があったとしても、上司・部下どちらともなく、「今回はスキップでお願いします」という回数が増えて、やがて対話自体がなされなくなる。そのようなことが実際、起き始めているのです。

せっかく始まった組織の対話がなくなっていく。私はこれに大きな危機感を抱いています。このままいくと、組織を形成していくうえで必要な対話が、消滅するのではないかと思うのです。なぜなら、昨今の社会情勢は、就業時間内は効率が求められて、目先の業務の話しかする時間がなく、就業時間外は社内の人との交流はしないという人が増えているなど、対話をできないというまことしやかな理由がたくさんあるからです。

では、組織の中で1on1などの対話が続かないのは、必要がないからでしょうか。

私は、そうは思いません。少なくとも対話を始めてうまくいかない組織に起こっていることは、必要がないから続かないのではなく、単に正しいやり方を知らず、正しい研鑽が積まれていないだけの問題です。逆に言えば、正しいやり方を知って研鑽を積めば、効果的な対話が継続できるのです。

だからこそ、結局「何を」話せばいいのか、そして、「どう」話を深めていけばいいかをもっと多くの人に知ってほしいと私は考え続けてきました。もちろん、今までも対話するテーマ（質問項目）について紹介するものは、世の中にさまざまありました。しかし、「それで十分なのか？」「話すテーマに偏りはないのか？」――要するに、上司と部下ですり合わせておくべき「全体観」を、もっとわかりやすく示すことはできないだろうかと思ったのです。

本書は、私がその問題意識を持ちながら、1on1をうまくマネジメントに活用している人のお話をうかがう中で見出した共通点を整理したものです。

つまり組織において上司と部下が「何を」テーマに対話を始めて、「どう」話を進めてすり合わせていくのかを「型」にまとめて、ご紹介しています。

本書を読めば、上司と部下が「何を」「どう」対話し、すり合わせればいいかがわかります。そして、実際に対話していくことで、部下の成長が促進されて成果が上がり、従業員エンゲージメントも高まっていくと確信しています。今、組織では、そのような対話ができるマネジャーが求められているのです。

毎日忙しく責任感を持ってがんばっている現場のマネジャーを見るにつけ、何とかその努力が報われてほしいと思い、本書を執筆しました。本書がそんなマネジャーの方々の指南書としての役割を少しでも果たすことができたならば、これに勝る喜びはありません。

２０２０年４月

世古詞一

第1章

# なぜ、組織において対話が必要なのか

第2章

# 「何を（What）」すり合わせるか

## ――すり合わせ9ボックス

第3章

# 「どう（How）」すり合わせるか
――しゃべってもらうスキル

# 第4章 「どう（HOW）」すり合わせるか
## ――フィードバックするスキル

## 第5章 「何を(What)」「どう(How)」すり合わせるか
――業務レベル

第6章

# 「何を（What）」「どう（How）」すり合わせるか

——個人レベル

## 第7章 「何を(What)」「どう(How)」すり合わせるか ――組織レベル

# 本書の使い方

本書で使う「対話」という言葉は、相互にじっくりと話し合うことであり、主に1on1ミーティング（以下1on1）の場面でなされることを想定しています。そのようなイメージで読み進めてみてください。

また本書では、効果的な対話を行うための「すり合わせ9ボックス」という「型」や、「すり合わせる技術」という「コミュニケーションスキル」をご紹介し、それらを活用した「対話例」や「質問例」をふんだんに取り入れています。ぜひ何度も読み込んでみてください。

というのは、1on1をうまくいかせるコツは、対話のパターンに慣れることだからです。英語の学習と同じように、対話のパターンに慣れていくと、自然に効果的な対話ができるようになります。同時に、対話の正解を知ることが重要です。もちろん、対話の正解は1つではありませんが、どのような正解があり得るのか、その引き出しをたくさん持つことで安心感が得られるはずです。

ですから、「こういう感じが良い対話なんだ」という対話例を、たくさん読み、聞き、見て、身体に刷り込んでいくことが最良の方法なのです。
そのため本書では、対話例の箇所に背景色がついています。また、上司のセリフの下段にはポイントが書かれている箇所があり、「この質問では何のスキルが使われているのか？」「この質問はどういった意図があるのか？」がわかるようになっています。そのポイントを理解し、最終的にはそれを見なくても、対話の要点がわかるようになることがゴールです。

本書を最後までじっくりと読んでいただければ、上司と部下の単なる会話と、意図された対話の違いがはっきりとわかるでしょう。
そして、何度も読み込み、実践していただければ、対話が楽しいものになり、部下の継続的な成果や成長に欠かせない重要なものになってくるはずです。対話があなたの強力なマネジメントツールになるのです。

# 第1章

# なぜ、組織において対話が必要なのか

# 選ばれるために、企業は「対話」にたどり着いた

日本国内の少子化傾向が続く中、若手人材の流出はいまだ一定割合続いています。大卒の就職後３年以内離職率は２０１０年から２０１６年まで軒並み30％台前半で推移（厚生労働省「新規学卒者の離職状況」）し、また２０１９年にツナグ働き方研究所が実施した「就業意向に関する調査」によると、入社３年目の若者（17～29歳の正社員・契約社員・公務員）の中で、「辞めるかどうか迷っている」と回答した「退職予備軍」の若者は47・３％と、約５割に上りました。

就業観が変化し、働きがいや自己実現を求める若手人材の流出と、退職予備軍など会社を辞めるわけではないけれど、はたして会社にコミットをして働いているかどうかわからない社員の存在感も増しています。

あるマネジャーの方は、こんなことを言っていました。

「若手が辞めていく。1年目は何とかしのげても、3年ほどして仕事ができるようになると辞めていきます。今いる部下についても、いろいろと対策を打って何とか今の会社にいてくれている状態ですね。これ以上、会社にコミットさせるのは厳しいです」

ワーク・ライフ・バランスが重視され、働く時間が以前よりも減る中、従業員が業務をすること以外で会社とかかわる機会は減っています。さらに、政府も後押しをする副業も今後本格化し、従業員は会社以外から報酬を得る選択肢をたくさん持つことができます。そのような環境下で、従業員に自組織で働き続けることを選んでもらえるのか。組織と従業員のＷｉｎ－Ｗｉｎを真剣に考えなくてはならない状況になってきました。

こうした社会情勢を背景にして、組織内における対話の重要性が見直され、米シリコンバレー企業を中心として行われていた組織内コミュニケーションである「1on1ミーティング」を日本でも実施する組織が増えてきました。

２０１９年5月には、ＮＨＫの「ニュース7」で、「1on1ミーティング　大手企業で導入始まる」という見出しで特集が組まれました。この特集では、大手電機メーカーのパナソニックが全社で1on1を導入し、原則2週間に1回15分程度、日々の業務で課題に感じていることや目標の進捗、それに将来のキャリアプランなどについて話し合うと伝えていました。頻繁に話をすることでコミュニケーションが深まり、昨年度、ある部署で行ったアンケートでは、従業員の半数以上が「仕事の成果が上がった」と回答したとのことです。

1on1ミーティングとは、**主に部下の育成・モチベーション向上を目的とした定期的かつ高頻度な上司と部下の対話の場**です。従来の面談と何が異なるかというと、その目的が主に「部下のための時間」であることです。

従来のいわゆる「面談」は上司が職務上必要な場でした。部下を呼んで、評価の振り返りや目標設定などを行い、最終的にその内容のアウトプットを人事や経営に提出する、いわば「上司のための時間」だったといえるでしょう。

このように、構造として上司が必要だった面談と、純粋に部下のための1on1ミーティングでは、目的が異なります。ですから、それに合わせて実施するやり方も、必要となるスキルも変化させていかなければならないのです。

## 対話を始めた組織で、部下が思いを語り始めた

繰り返しになりますが、このような対話の重要性を認識して、1on1ミーティングを始める組織が増えています。その中で、私がかかわった企業・団体の事例を紹介します。

携帯販売などを手がけ、全国に複数の店舗を持つA社では、昨今の大きな社会変化に合わせて考えて動ける自律型人材の育成に課題を抱えていました。従来のように、本部からの指示を従順に行うだけでは、店舗ごとに異なる顧客ニーズに合致しないことも増え、自分で考えて動ける人を育てていくことが急務だったのです。

そのためには、上司の一方的な指示で成果を上げるやり方ではなく、**対話によって部下に考える機会を与え、自ら気づきを得て行動する支援をしていくことが必要でした**。1年半が経ち、部下は上司から問われるクセがついて、普段でも上司と話す際に自分の考えや意見を言うようになりました。

また、IT企業のB社では、離職率が上昇しているという問題がありました。その原因

として、社内の従業員満足度調査の中で、評価の納得感との間に関連性が見られました。また、離職率以上に、会社として辞めてほしくない人が辞めていることも問題でした。

それらの状況から、評価の納得感を高めてモチベーションアップにつなげるために、定期的な対話の機会を取り入れました。従来から行われていた、半期の期初での目標設定面談、期中での中間面談、半期末での評価査定面談に加えて、半期で3回ミーティングを追加して毎月対話の機会を設けたのです。内容は、評価をベースに成果と成長についての振り返りを行いました。これにより、評価納得感は同調査で10ポイント近く上昇しました。しかし、それ以上に良かったことは、**定期的に対話を行うことで、上司に対しての信頼感が高まり、普段は疑問に思っていても話せなかったことを話してくれる事例が複数出てきたことでした。**

また別の会社では、会社の指示ではなく自ら対話の機会を設けたマネジャーがいました。その理由を聞くと、こう語りました。

「普段、気がつくとメールやメッセンジャーなどのツールでしか、部下とコミュニケーションをしていないことがあります。1日中、業務の具体的なやり取りしかしていないので、『部下が今何を考えているか?』がわからず、不安なところがあったのです」

このように、**社内コミュニケーションがツールを介してばかりになり、部下と本音で話せていない上司が、意図的に対話の機会をつくっています。**これも今の時代を反映しています。

Cさんは、Slackなどのチャットで話し合われていた内容を題材に、対面で話をするそうです。

「実際に、あのやり取りで疑問に思うところなかった?」

このように、ツールコミュニケーションでの曖昧な点を、対話していくことで明確にして部下の不安を取り除くことに活用していました。さらに、対話を頻度高く行うことで、上司と部下の信頼関係が強固になり、部下の成長が促進されるなどの効果も生まれています。

# 対話型マネジャーが組織の未来をつくる

こうした対話を通して、部下に考えるきっかけを与えて変容させていくマネジャーが、今必要とされていると私は思います。指示されたことだけを従順に行う部下を育てるのではありません。自ら考えて問題を発見し、解決策を見出し実行していく人を育成するのです。そして、**まだ使われていない部下のポテンシャルを引き出して、才能を開花させる。それを可能にするのが「対話」であり、それができる人が「対話型マネジャー」です。**

対話型マネジャーは、これまでのマネジャーとは違い、上司自ら部下の問題解決をするのではなく、対話によって部下に考えさせて、まだ曖昧な考えを言語化する手伝いをします。それによって、部下自身の問題発見能力が養われ、解決策を自身で考えられるようになります。つまり、部下の成長支援をベースとしながら、業務成果支援も行うのです。

さらに、対話型マネジャーは組織のハブとして、組織方針などの組織の考えと部下の考えをすり合わせていきます。

とくに、昨今は所属する組織に物理的にかかわる時間が減っています。残業時間が従来より厳しく管理されていたり、職場の人と飲みに行く機会も減りました。また、企業も終身雇用を従業員に約束できなくなってきたため、ステップアップの転職や副業など、今の組織に頼らず個人が強くならなければいけない時代になりました。

このように、**放っておくと個人と組織の距離が離れていくような方向に世の中は動いています。だからこそ、対話型マネジャーの必要性が際立つのです。**組織の考えと個人の考えを対話によってすり合わせ、つないでいくのです。

## 1on1ミーティングはブームで終わるのか

このように、対話によるメリットは多々あり、一定の効果があるのは事実です。実際、1on1などの対話を始めて数回は、多くの上司と部下にポジティブな反応が見られます。お互いの知らない面を話せて、相互理解が深まるためです。しかし、だんだんとマンネリ化してきて、次のような問題が起こっていることもまた事実です。私が、さまざまな組織とかかわる中で見聞きしたのは、以下のような6つの懸念点です。

## 1 そもそも、対話の正解がわからない

1 on 1の正解やゴールが何なのかを、明確に理解している人は多くありません。「この対話が部下の成長につながっているのか？」「部下のメリットになっているのか？」、それを上司自身がわかっていないのです。また、1 on 1自体がブラックボックスなので、第三者からタイムリーなフィードバックをもらうことができず、自身のコミュニケーションが正しいのかを実感することもありません。

## 2 上司が言いたいことを言う場になっている

そして、何が正解かわからないと、上司はとりあえず部下に対して思っていることを伝えます。良かれと思って、それが上司の価値とばかりに自らの経験を語ります。結果、上司ばかりがしゃべっている状態になります。これが一概に悪いわけではありませんが、「部

下のための時間である」という目的に立ち返ったときに、はたして部下が言いたいことを言えていない状況が効果的なのかを考える必要があります。

### 3 話が場当たり的で、思いつきで進んでいる

同じように、何が正解かわからない中で、上司はとりあえず部下に質問をします。それで話が盛り上がれば、結果オーライとしてしまい、意図を持って対話を進めようとしていません。話が思いつき、場当たり的であり、網羅性もないので、部下にとって効果的な対話になっていないのです。

### 4 形式的なものに終始している

さらに、マネジャー自身が1 on 1の目的を把握できていないままただ形式的に実施しているケースも増えています。たとえば、1 on 1の実施状況を人事に提出する仕組みになっている組織があります。この場合、上司が提出するシートの空白を埋めて出すことが目的になり、部下としては「話したら全部筒抜けになるのでは？」と不安になって本音が話せ

ません。また、上司も目の前の部下との対話プロセスよりも、提出するシート、さらにはそれをチェックする人事や経営に意識が向いてしまうのです。

## 5 従来型の業務進捗確認の場になっている

そのような状態では、1on1は部下のための時間といいつつ、フタを開けてみると、よくある業務進捗確認の場になっている実態があります。もちろん、これも悪いわけではありません。部下も有意義に感じるところもあるでしょう。しかし、今までのコミュニケーションと変わらず、主に上司が進捗を確認したいがために設けられた場になっています。

## 6 雑談ばかりで、意味を感じられない

また、1on1は上司と部下の相互理解の場でもあるので、お互いに仕事以外のことや興味のあることについて話しても構いません。しかし、そればかりになると、いつも表層的な話ばかりになり、マンネリ化して、1on1の意味を感じられない状態になってしまいます。これは、話すテーマについて考えが及んでいないことと、対話を深掘りしていくため

に必要な上司のコミュニケーションスキルの不足が原因です。

これらは、1on1などの対話を始めてみて起こりやすい問題です。こういった状況を放置していくと、「やっぱり1on1なんて意味ないよね」「対話は必要なときにすればいいよね」となっていき、結果として組織の対話はどんどん行なわれなくなっていくでしょう。私は、せっかく始まった組織の対話がなくなっていき、組織が弱体化していくことを非常に危惧しています。

一方で、それに対してこんな反論をする人もいるかもしれません。

「継続されないということは、そもそも組織に必要ないのではないか?」

しかし、私はそうは思いません。**それは単に正しいやり方を知らず、正しい研鑽が積まれていないだけの問題だと思っています。逆に言うと、正しいやり方を知って研鑽を積めば、効果的な対話が継続できるはずです。**なぜなら、私がかかわっている組織の多くでは、上司も部下も1on1の意義や重要性を認識して取り組み、コミュニケーションスキルの向上もしており、対話の時間が必要不可欠なものになっているためです。

私はこの5年程、研修で現場のマネジャーとたくさん接して感じることがありました。習ったことを基に、対話型・支援型マネジメントを意識して愚直に取り組むと、どんな人でも一定ラインまでレベルアップするということです。1回しかお会いしていない方はわかりませんが、フォローアップ研修を含めて、3回、4回とお会いする方の変化には驚かされます。これは希望です。とても良い意味で想像以上でした。

では何に驚いたかというと、日本の組織にいる方々の真面目さです。習ったことを正確に理解して実践していくのです。**日本的組織は「型」に強いのです。**型に強いとは、その型を確実に機能させるための、誠実さ、責任感、貢献する心などの価値観を持っている人が組織に多いということです。ですから本書では、その強みを生かして実践してもらうために必要となる対話の「型」を紹介していきます。

# 本書の全体像

本書の全体構成を図で示しています。第2章では上司と部下で「結局、何を(What)対話すればいいのか」を、「すり合わせ9ボックス」として紹介しています(図1-1)。この

1-1　What：何を対話するか　すり合わせ9ボックス

| 全体 第2章 | 過去 | 現在 | 未来 | |
|---|---|---|---|---|
| 組織レベル | 理念・制度・カルチャー | 人間関係 | 組織方針 | 第7章 |
| 個人レベル | パーソナリティ | ライフスタイル | 将来キャリア | 第6章 |
| 業務レベル | 振り返り | 業務不安 | 業務改善 | 第5章 |

1-2　How：どう対話するか　すり合わせる技術

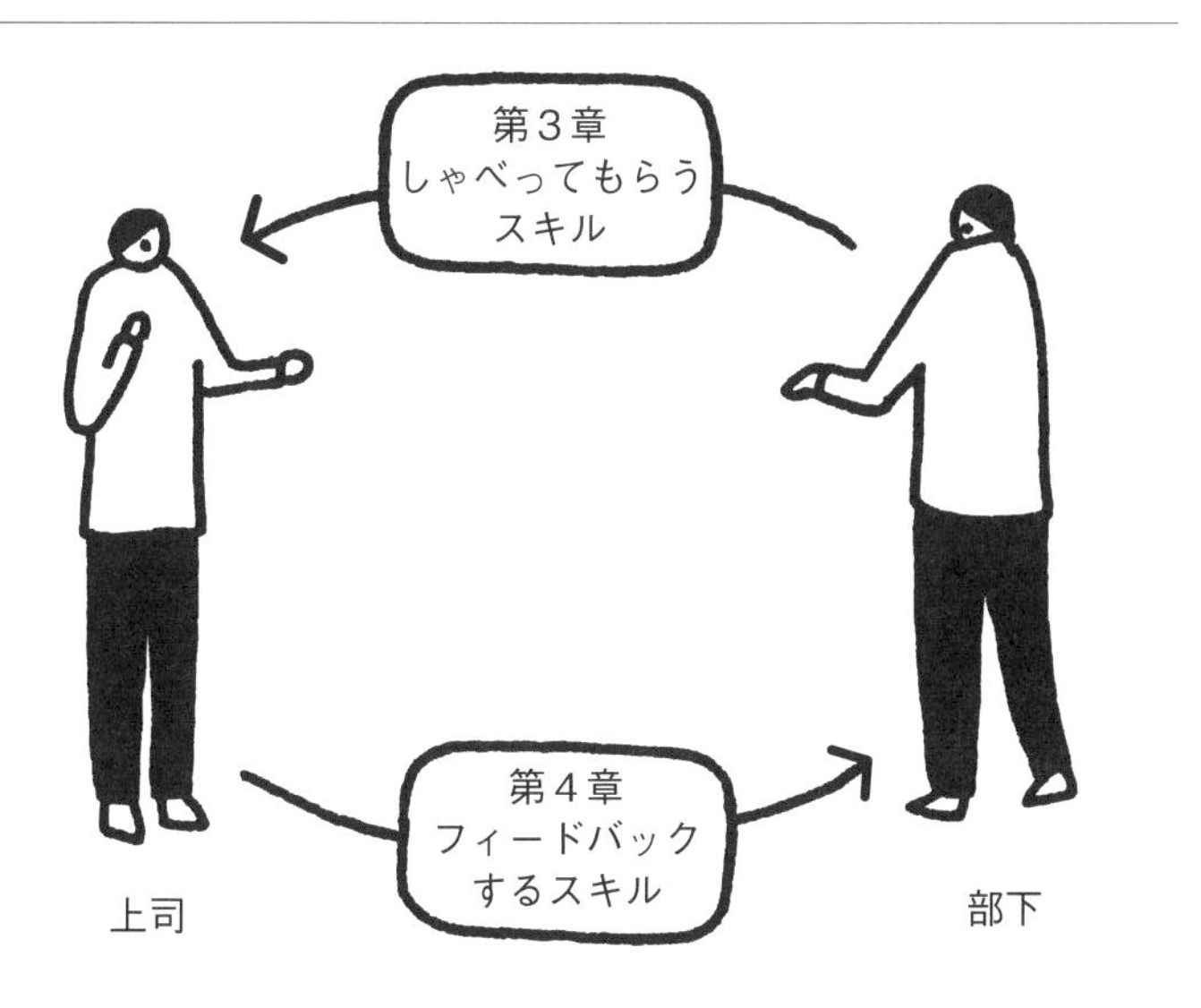

9ボックスに基づいて対話することで、意図した対話を行うことができ、対話でのヌケモレ感がなくなります。

次に、いくら話すテーマが決まっていても、「どう（How）対話していくのか」、対話を深めて展開させていくためには、コミュニケーションスキルが必要になります（図1―2）。第3章、第4章では、2つのスキルを「すり合わせる技術」としてお伝えします。

さらに、そのスキルを活用した実践編として、9つのボックスの1つひとつについて第5～7章で紹介していきます。

対話によって認識をすり合わせるというのは、表面的なことだけではありません。各ボックスにおいて今までそんなに意識していなかった深い部分まで掘り下げてすり合わせることが重要になります。これは全編を通して、触れていきます。

## 対話型マネジメントを実施している
## マネジャーの気づき・感想

ここでは対話することの意義や意味を感じて、対話を継続的に行っている方々の声を紹介します。ぜひ対話を行っていくうえでのヒントにしてください。

**上司から寄り添わないと、本当に思っていることは話してくれない**

「今まで自分はオープンなつもりでした。**わからないことがあったら、いつでも来てください というスタンスだったので。しかし、それでは部下は来てくれない。**対話の機会をこちらからつくらないと、つまり『こっちに来て』と寄せるのではなく、こちらから『寄らなきゃいけない』。そうしないと、本当に思っていることは話してくれないのだとわかりました」（40代　男性　医療メーカー）

**深い対話で部下の中の依存心を発見できた**

「1on1ミーティングをしてみて、**部下の中に（私に）助けてもらうという気持ちがものすごくあるのだ、とわかりました。**安心してもらえるのはいいのですが、依存に近いものがあって、それは深く話をしてみないとわかりませんでした。対話が薄かったんだと気がつきました」（50代　男性　金融）

**任せているつもりが、一方的に話していたことに気づいた**

「私は、部下に任せるタイプのマネジメント・スタイルで、部下の自主性を重んじることを信条にしていました。もちろん、最初のゴール設定も部下の声を聞いてすり合わせているつもりでした。しかしあるとき、他部署の人からその部下に関して『上にやれって言われたからやっていると言ってましたが、目線合ってますか？』と指摘を受けて愕然としました。自主性を重んじているつもりが、後から振り返ってみて、**実は私がしたいことを部下に言わせていたんだと気づきました。**その後、部下と1on1で話すと納得感がなかったことが判明しました」（40代　男性　IT）

**期待を伝える個別ミーティングで、普段の関係性も深まった**

「個別でのミーティングを増やすことで、飲みに行く回数も前より増えました。誘いやすくなったのです。また、**対話では、期待を伝えることを意識しています。**そうすることで、部下からも『これをやりたい』などの意見が出てくるようになりました。以前はまったく出てこなかった将来についての話もするようになりました」（40代　男性　金融）

**人の背景を気にするようになり、部下への理解が深まった**

「**人の背景を見て話すようになりました。**『この人はどういう風になりたいか？』『なぜこの会社に来ているのか？』『どんなことが今一番の問題意識なのか？』などです。そうすると、今まで目先の業務の話がほとんどだった1 on 1でも、キャリアの話などを自然に行えるようになりました」（30代　女性　ＩＴ）

**曖昧な認識を「わからない」と言ってくれて流さなくなった**

「対話するごとに、さまざまな面ですり合ってきている実感があります。まず、組織に対する問題意識がすり合っていると、部下に対して『どう思う？』という投げかけがしやすくなる。話が速いし気持ちが良いです。すり合っていないと、話が長くなりがちで、重い空気になることが多い。一方、部下からは『それ、どういうことですか？』という質問が増え、適当に流さずに、**わからないことをちゃんとわからないと言ってくれるようになりました**」

（40代　男性　広告代理店）

**上司の自分が部下に相談しやすくなった**

「どちらかがモヤモヤしているときに、根本がすり合っていると、お互いで言語化しやすくなります。**お互いに『わかる、わかる』という状態にたどり着くのが早くなりました。**上司の私が相談しやすくなり、部下との距離感が近くなったのを感じます」

（50代　男性　サービス）

# 第2章

# 「何を（What）」すり合わせるか

## ――すり合わせ9ボックス

# すり合わせるべき「3つのレベル」とは

これから具体的な対話の進め方についてお伝えする前提として、まず上司自身が、対話の目的をしっかり理解していることが重要です。

本書では、組織内での対話の目的について次のように定義します。

**「従業員の継続的な成果創出、モチベーション向上、成長促進、働きがい向上のために必要な業務・個人・組織に関する諸認識をすり合わせること」**

組織の中で働いていくうえで、やりがいや働きがいを感じていくためには、まず自分に課せられた「業務」について成果を上げる必要があります。目の前の業務を全うすることで、周囲からも認められて、自分の自信にもつながります。同時に、継続的に成果を出し続けていくためには、その土台となる「個人」の能力や資質に磨きをかけ、キャリア観など自分の軸をつくっていくことが不可欠です。さらに、所属する「組織」の成り立ちやそこにいるメンバーについて、さらには組織の方向性などの理解を深めていくことが必要です。

この業務・個人・組織の3つの領域について、今後本書では水準や程度を表す「レベル」という表現を用いて説明していきます。

**業務レベル：主に業務から派生するテーマ**
**個人レベル：主に個人の成長やライフスタイルに関するテーマ**
**組織レベル：主に組織やチームに関するテーマ**

**対話の目的は、この各レベルの中で上司と部下の諸認識をすり合わせていくことと、各レベル間をつなげていくことです。**たとえば、「業務内容やその範囲が適切に理解されているか？」「その業務内容と個人の能力はマッチしているか？」、さらに「その業務の前工程後工程など組織的な効率性を踏まえた動きができているか？」……これらをすり合わせてつなげることは、継続的な成果創出につながっていきます。

また、「個人の将来キャリアと今の業務がどのように結びついているか？」、さらに「その業務が組織のミッションにどのようにつながっているか？」……これらは、モチベーション向上や成長促進につながります。

このように3つのレベルがすり合ってつながっていくほど、**所属する組織での働きがいを感じられるでしょう。つまり、自分に与えられた業務の成果を出していくことが、自分の将来に向けた能力開発となり、同時に組織への貢献になっているというたしかな手ごたえを感じられる状態です。**まさにその状態こそが、本書を通して目指してほしい姿です。

## 円滑な対話に必要な焦点とテーマ ——「すり合わせ9ボックス」

一方で、「働きがいを上げよう」「モチベーションを上げよう」と意気込んで、失敗してしまうケースも多々あります。働きがいを感じたり、モチベーションが上がるのは結果であり、始めからそこを意識してしまうとなかなか1on1がうまくいかないようです。

そこで、対話を進めるうえで意識するべき「焦点」と「テーマ」について、次のように整理をしていきます。

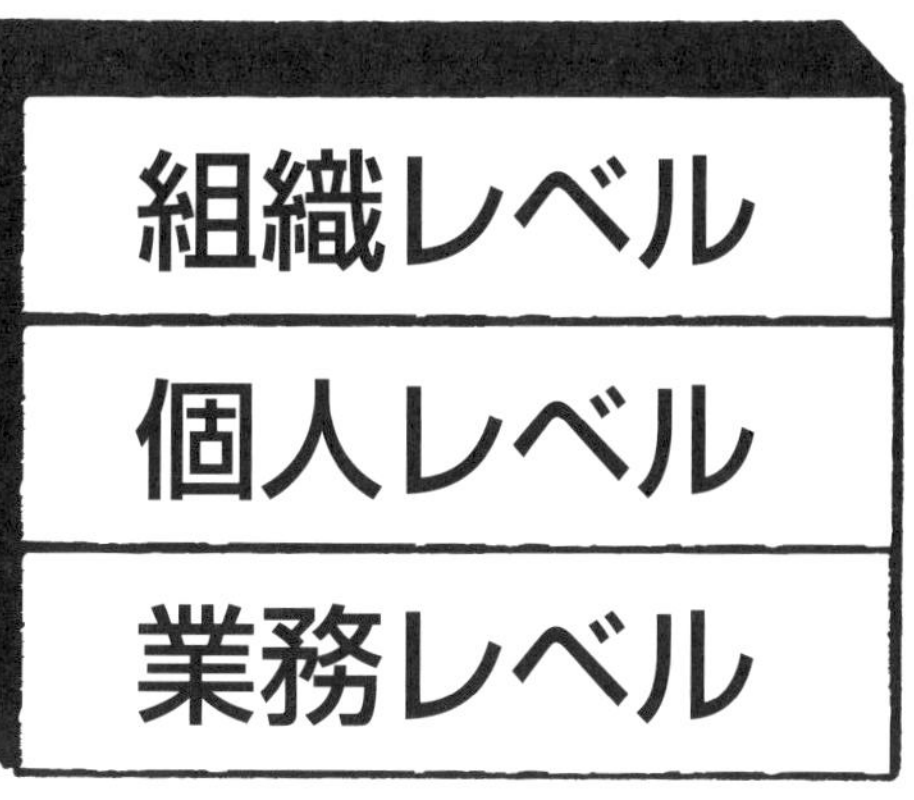

**3つのレベルにおける対話の焦点**

それぞれのレベルで対話を進めていくときに、ゴールとして意識すべきポイントがあります。

**業務レベルの対話を進めていくときに焦点を当てるのは「成果」です。**「該当業務がいかに成果につながるか？」、さらにいえば「それがいかに効率的なのか？」という視点で業務について考えていきます。

**個人レベルは、個人の「成長」に焦点を当てて考えます。**成果や効率との違いは、時間軸を短期ではなく中長期の視点で捉えるという点です。中長期的に、また持続的に結果を出していくための土台をつくって

| | 過去 | 現在 | 未来 |
|---|---|---|---|
| 組織レベル | 理念・制度・カルチャー | 人間関係 | 組織方針 |
| 個人レベル | パーソナリティ | ライフスタイル | 将来キャリア |
| 業務レベル | 振り返り | 業務不安 | 業務改善 |

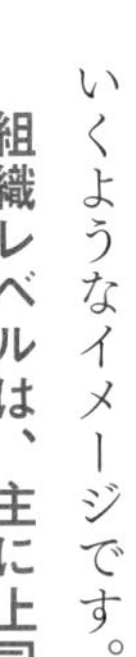

いくようなイメージです。

**組織レベルは、主に上司が持っている情報を部下に伝え、組織の方向性について「共感」してもらうことに焦点を当てます。**単なる情報を部下の体験と結びつけて、より深い理解へと昇華させられるかがポイントです。

たとえば、「この半期は、コストを圧縮することよりも、売上拡大を目指す。市場シェアを広げていこう」という組織の方針を聞いたとします。そのとき、「なるほど、そうなんだな」という概念的な理解だけではなく、もう一段進んで話をすり合わせることで自分事として考えてもらえるようになります。「たしかに、最近お客さんのところに行っても、競合のA社や新興のB社

や C 社の名前がよく出てくるな。競合に勝つのは当たり前と思っていたけど、どうしたらいいかいろいろ苦戦してたもんな。市場のシェアを拡大させるためにも、会社が投資してくれるのはありがたいな」、こんな風に自分事として捉えて共感しながら話ができると、上司と部下の考えがすり合ったといえるのです。

ここまで、3つのレベルについて説明してきました。さらに対話するテーマを明確にするために、それぞれのレベルを時間軸で3分割し、9つのボックスで紹介していきます（図2-2）。

**この「ボックス」という言葉は、それぞれのテーマが人の頭の中の箱に詰まってい**

**るイメージを表現しています**（図2-3）。該当テーマについて対話するとは、その箱を開けて中身を探っていくことです。箱を開けてすぐに答えが見つからないときには、対話を深めてボックスの奥底まで探し求めます。箱の奥には、潜在意識に眠る自分でも気づいていない宝物（資源）がたくさん詰まっています。それを対話によって探していくのです。すり合わせる9つのボックスの各テーマは次の通りです。

**業務レベル**

**・業務不安**

**現在、部下の抱えている業務不安についての解消や解決がテーマです**。顕在化しているる不安はもちろん、潜在的に抱えているモヤモヤとしたものも具現化していきます。

**・振り返り**

**過去に実施してきた業務の振り返りをテーマに対話します**。振り返りを通して部下にいかに語ってもらい内省を促していけるかがポイントです。

**・業務改善**

**将来に向けて、業務の効率化や改善、また未来の業務をテーマに対話します。**対話を通して、業務の仕組み改善、部下の業務習熟に向けての情報共有やアウトプットを引き出します。

**個人レベル**

**・ライフスタイル**

**現在の部下のライフスタイルをテーマに対話します。**ライフスタイルとは、健康面や趣味、家族のこと、ライフワークなど、部下の人生や生活全般の事柄や、考え方です。雑談的なニュアンスが強くなりますが、上司と部下の相互理解につながります。

**・パーソナリティ**

**過去において部下が培ってきたパーソナリティをテーマに対話します。**パーソナリティとは、生まれながらに持つ気質や性格、また後天的に身につけた能力や強み、弱みといった、その人の思考や行動パターンを形成するものです。対話によって部下が自分のパーソナリティを自覚することを後押しし、次のアクションの策定を促します。

**・将来キャリア**

**未来のキャリアをテーマに対話します。**将来への道筋を一緒に考えることで、部下が迷いなく業務に集中できる状態をつくります。

### 組織レベル

**・人間関係**

**現在の組織の幹部やチームメンバー、上司自身の状況をテーマに対話します。**部下を取り巻く人間関係や上司自身の状況を理解してもらうことで、チーム全体の認識の食い違いをなくして、部下の視野を広げていきます。

**・理念・制度・カルチャー**

**組織の理念や制度など、その歴史やカルチャーをテーマにして対話します。**とくに組織の成り立ちやビジョン、価値観など組織のＷｈｙ（目指すもの）まで掘り下げて話すことで、「なぜ、こういう制度があるのか？」「なぜ、このような理念なのか？」といった、組織の考えや哲学について、部下との相互理解を深めていきます。

・**組織方針**

**今後の組織方針や全体進捗など、上位階層で行われている議論や問題意識をテーマに対話をしていきます。**ここでは、部下が組織とのつながりを理解して、視野を広げ、業務に意味を見出してもらいます。

# 「型」を使えば口下手マネジャーでもうまくいく

では、この「すり合わせ9ボックス」を活用するとどのような良いことがあるのでしょうか。ひと言で言うと、「1 on 1などの対話がとてもうまくいく」ということです。今までマンネリ化や手応えのなさから止めてしまった1 on 1を、再びこれで継続できるようになるでしょう。ここでは3つのメリットをご紹介します。

## 1 部下と組織の関係について網羅的に対話できる

このすり合わせ9ボックスに書かれている1つひとつのテーマは、1 on 1などの対話をうまく活用しているマネジャーの方々にヒアリングし、まとめたものです。もちろん、多くのマネジャーにとって「このテーマに関しては、すでに話している」というものもあると思います。ですが、**この9ボックスの一番の価値は、対話すべきテーマの全体像を俯瞰して見ることができることにあります。**これにより、部下と組織の関係について対話すべきテーマのヌケモレがなくなり、網羅的に話ができます。

たとえば、「この9ボックスを見てみたら、業務不安ばかりで、業務の振り返りや能力開発についてまったく話せていないな。そういえば彼は成長実感がなさそうだから、次回の1 on 1で重点的に業務の振り返りと能力開発について話した方がいいな」といったことに気づくことができます。

## 2 上司の「思いつきの語り」が「意図的な対話」に変わる

これは、戦略的マネジメントともいえます。その場の自分の思いつきで話すのではなく、

「どの話がすり合っていないのか?」「そのためには、まず部下のどういった話を聞こうか?」というように、戦略的な対話が可能になるのです。

私はマネジャーの方とお話するときに「部下と『意図した対話』を行っていますか?」ということを必ず尋ねます。**「はい」と即答できる方にお話を聞いて共通しているのが、自分なりの話しておくべき「型」を持っているという点**です。その人なりの全体観を持っていて、「今日はこれについて話す」ということが決まっているのです。

このように、「思いつきの語り」から型を用いた「意図的な対話」ですり合わせを行っていくことで、口下手な上司でも安心感を持って1 on 1に臨むことができます。一方、部下もこのボックス内容を認識して対話に臨むことで、何の話をしているかがわかり、安心して話すことができ、最後には上司も部下も充実感を持って対話を終えることができます。

## 3 対話のテーマが単体で終わらず、つながっていく

対話において困ることは何でしょうか。何を話していいかわからないということもありますが、話し始めれば何とか続きます。問題は、あるテーマの話が終わってしまったときです。話が止まってしまったときに、どうしようか困った経験はないでしょうか。

いくら話すトピックを用意してきたとしても、それぞれの関連性やつながりというところまで考えて質問やテーマを準備できている人は稀です。しかし、9ボックスによって、それが可能になります。**9ボックスだけではなく、ボックス上の関係性が可視化できるので、各ボックスのテーマのすり合わせだけではなく、ボックス間をつなげる意識が持ちやすい**のです。これにより、部下も自分の業務を単体で捉えるのではなく、自身の成長や組織とのつながりを感じることができるようになるでしょう。

# 「すり合わせ9ボックス」は実際どう使えるのか

実際、すり合わせ9ボックスは、どのようなタイミングで活用すると効果的なのでしょうか。その3つの使用タイミングについて紹介します。

## 1 対話の準備に使う

1on1などが始まる前に、今まで話したボックスについて思い出します。それを踏まえて、その日のタイミングで話した方がいいボックスがないかを確認します。**とくに、部下に関する事柄で、変化があったことについて考えてみてください。**ボックスを見ながら思いつく変化です。「業務内容の変化」「人の出入り」「新しい施策や決まりごとの検討」「他部署や会社自体にあった変化」……そうした事象について部下と考えをすり合わせていくと、変化の中でも、部下は高いパフォーマンスを保てるでしょう。

## 2 対話中に使う

対話中に、9ボックスのシートを部下と一緒に見ながら対話していくことも効果的です。そうすると、部下も全体像をイメージしながら対話ができますし、2人で対話をつくっていく雰囲気ができ、信頼関係も築けていくでしょう。さらに、**シートを見ながら話を進めていると、ボックスの項目を見ているだけで、脳は質問されているような状態になり、インスピレーションが湧きやすくなります。**また、あるボックスから別のボックスへと、文脈に沿う形で話をつなげて展開させやすいという効果もあります。もちろん、使用する場合には部下に9ボックスの説明をして、部下の合意を取るようにしましょう。

## 3 対話後に振り返りとして使う

対話後に、振り返りとしてメモを記入することもできます。**ポイントは、対話した内容の記録とそれを踏まえての所感です。**「すり合ったかどうか？」「もう一度話す必要があるか？」など、次回のアクションにつながる書き方をするとよいでしょう。

これらのメモを毎回残しておくと、実際にどのボックスを部下と対話できていて、どこができていないのかが時系列のデータとして可視化できます。これを俯瞰して活用することで、場当たりでない意図的な対話が可能になります。

もちろん、このボックスが頭の中にあれば、シートを直接使用しなくてもいいかもしれません。しかしながら、最低限このフレームを頭でイメージしながらの活用は行っていただきたいと思います。

ここでは、実際にすり合わせ9ボックスにメモを記入して活用している、4人の事例をご紹介します。

2-4　Aさん　すり合わせ9ボックス活用例

| | 過去 | 現在 | 未来 |
|---|---|---|---|
| 組織レベル | 理念・制度・カルチャー | 人間関係<br>・Aさんに対して遠慮する部分があって話しづらさを感じている→すり合わず。また次回以降に話す | 組織方針 |
| 個人レベル | パーソナリティ | ライフスタイル<br>・健康診断、肝臓で引っかかった。2年続いたのでお酒に注意 | 将来キャリア<br>・プログラミング知識が定着しない。向いていないのでは？（本人談）→次回の社内異動プログラムにエントリー |
| 業務レベル | 振り返り | 業務不安<br>・何に時間がかかっているかわからず、優先順位がついてない→優先順位の考え方について共有。すり合わせた | 業務改善 |

2-5　Bさん　すり合わせ9ボックス活用例

| | 過去 | 現在 | 未来 |
|---|---|---|---|
| 組織レベル | 理念・制度・カルチャー | 人間関係 | 組織方針<br>・会議で話した今後の採用方針について再度説明。一定の納得感は得た。ただ、定期的に話す必要があると感じた |
| 個人レベル | パーソナリティ<br>チーム運営の力をつけたい。お金周りに強くなりたい（予算設計、採用計画立案、PL/BS等の知識）→【宿題】課題本の感想共有 | ライフスタイル<br>・最近引っ越しして、会社から近くなって通勤が楽になった | 将来キャリア |
| 業務レベル | 振り返り | 業務不安<br>・業務のスケジュール感が不安。今週の方針アナウンス次第で、改めて不安があれば伝えてもらう | 業務改善 |

2-6　Cさん　すり合わせ9ボックス活用例

| | 過去 | 現在 | 未来 |
|---|---|---|---|
| 組織レベル | **理念・制度・カルチャー**<br>会社が求めるリーダーについて対話。巻き込み力をどれだけ持てるかが大事。Nさんが1つの理想の形とすり合わせ | **人間関係**<br>チームの意識が守りに入っていると感じる。やれるだけやれる状態にしたい。これは同意見で問題意識はすり合った。引き続き対話 | **組織方針** |
| 個人レベル | パーソナリティ | ライフスタイル | 将来キャリア |
| 業務レベル | **振り返り** | **業務不安** | **業務改善**<br>今のセールスツールはうちに合わないと思っている。問題を他のツールでカバーできるか次回の会議までにまとめる |

2-7　Dさん　すり合わせ9ボックス活用例

| | 過去 | 現在 | 未来 |
|---|---|---|---|
| 組織レベル | **理念・制度・カルチャー** | **人間関係** | **組織方針** |
| 個人レベル | パーソナリティ | ライフスタイル<br>母親が病気がちで心配。今は弟が面倒を見ているが、あまり負担もかけられない→様子見 | 将来キャリア |
| 業務レベル | **振り返り**<br>・OJTで懸命にアドバイスしたつもりが、問い詰められていると思われていた。もっと相手の話を聞かないとダメだと認識 | **業務不安** | **業務改善**<br>・他のメンバーが何をしているか全くわからない→【宿題】部署内で情報交換ができていないので、その提案を次回行う |

# すべてのボックスを対話する必要はない

この9ボックスを人に紹介するとよく言われることがあります。

「えー、こんなに話せませんよ。全部話すのですか？」

誤解のないようにお伝えすると、**この9ボックスのテーマすべてを、部下全員と対話する必要はありません。**

**この9ボックスは、組織にいる人が話すと良いテーマの1つの指標です。**たとえば、新入社員は、一般的には業務レベルの話が多くなるでしょう。しかし、早々にキャリアについて悩む人もいると思います。また、中途入社者で、組織方針の深い理解よりは、まずは目先の業務理解の方が先という人もいるでしょう。一方、組織のマネジメントを志向する人であれば、組織レベルについての認知が高まることは、キャリア上のプラスにつながり

2-8　対話する頻度例——週次で1on1を実施している場合

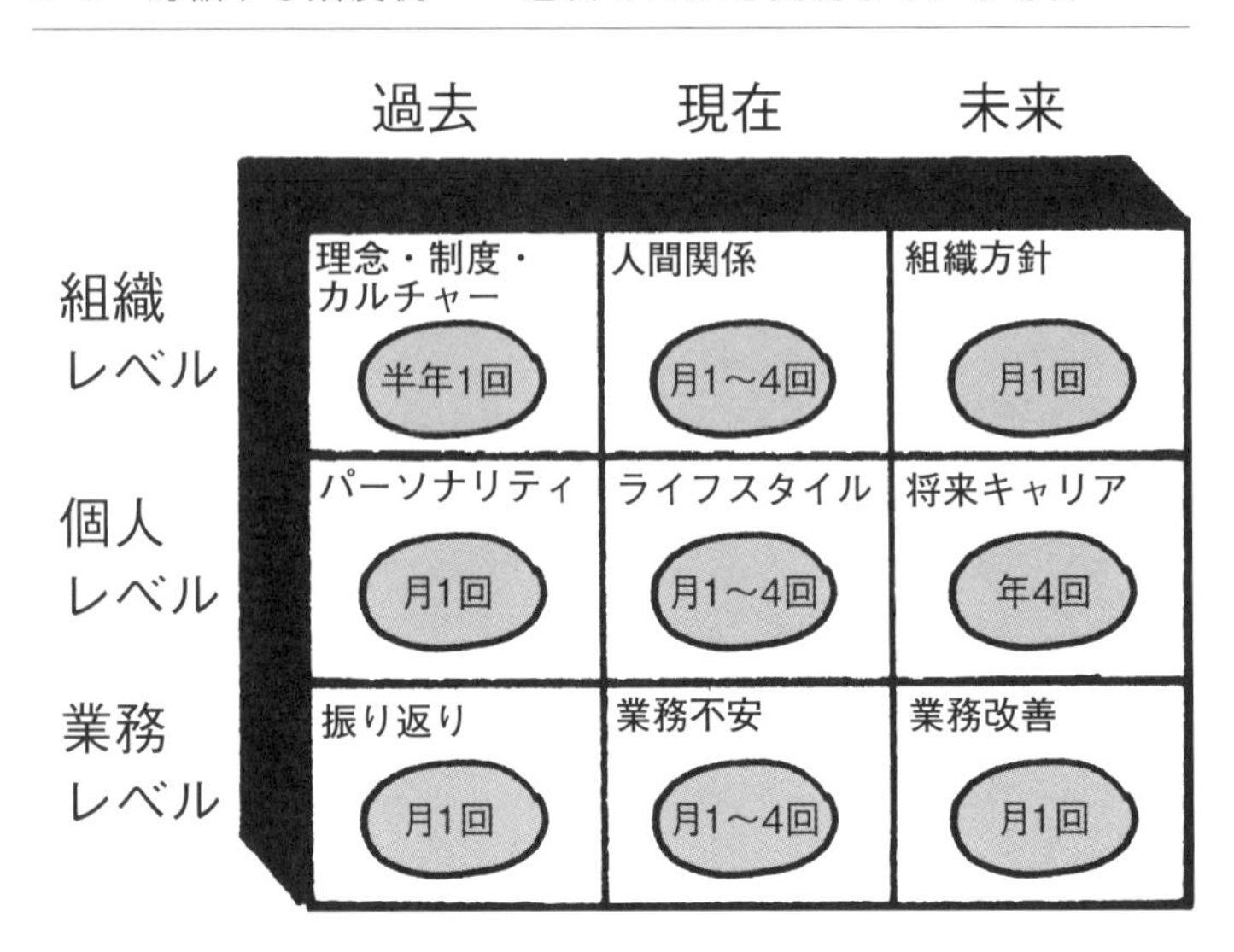


ます。

このように、1人の人と全ボックスの話をする必要はありませんが、話すテーマの見通しを立てておくことは、部下との対話の助けになります。毎回、場当たり的に決めていくよりも、見通しがあってその時々で必要なことを話していく方がマネジャーも心にゆとりを持つことができます。また、部下としても何をどのタイミングで話すのかがわかっていると、準備ができて上司同様安心感が持てます。

実際、この9ボックスを活用し、対話する頻度を図のように定めている方がいます。

基本的には、週次で1on1を実施して業務関連のことをメインに話していますが、そこから文脈に沿う形で、他のテーマについても話を派生させているとのことです。

あくまで目安ではありますが、こういったプランをつくることでヌケモレがなくなり、全体を網羅しているという安心感を得ることができるのです。

## 対話型マネジャーは9つのボックスをつなぐ翻訳者

このすり合わせ9ボックスを活用して、マネジャーはまず各ボックスのテーマについて部下と対話を行っていきます。そして対話を通じて、部下自身の考えを明確にし、マネジャーの考えとすり合わせていきます。

そして、その過程であることが起こります。それぞれのボックスでの対話が、少しずつ互いにリンクし始めるのです。

実際にあった女性社員とマネジャーのすり合わせの場面を見てみましょう。

マネジャーが将来キャリアの話をしていたとき、彼女はこう語りました。「実は料理が好きで、料理を将来の仕事にしていきたいのです」

2年間一緒に働いていてそれを一切知らなかったマネジャーは、彼女の料理に対するこだわりをそれから30分聞き続けました。9ボックスでいうと、個人レベルの「将来キャリア」から「ライフスタイル」へ話がつながっていったのです。

話はさらに続きます。彼女は「今でもたまに料理をYouTubeにアップしているのですが、将来的にはもっと定期的にアップして、YouTuberとして活躍の場を広げていきたいのです」と言います。この話を聞いて、マネジャーは「そんなに甘い世界ではないよ……」と言いかけたそうです。しかしすぐに思い直して、その話を真剣に受け止めました。そう語る彼女の表情が、仕事ではまったく見せたことのないイキイキとしたものだったからです。

そして、彼女の料理の話を聞くうちに、「仕事との共通点があるのでは？」と感じ、こう質問しました。「ちなみに、料理ですごい能力を発揮してると思うんだけど、今の業務でやっていることや使っている能力が、料理に活用できることってあるの？」

すると彼女は「いろいろあります。ひと言で言うと段取力ですけど、1つのタスクを逆算して時間配分することです。あとは、マルチタスクも料理ではかなり意識してますけど、業務では何となくやってたところもあるので意識してやっていくといいかな、と思います」と答えました。ボックスは「ライフスタイル」から「パーソナリティ（能力開発）」へと変遷しました。

趣味の料理で行っていることが、今の仕事にも活きることを改めて実感できる。逆に、業務を意識して取組むことで、料理の腕前も上がるイメージが持てるようになる。さらに、それが自分の将来キャリアを考える礎を築くことにもつながっているということがクリアになり、今の業務にも意味を感じて専心できるようになりました。

このように、マネジャーは各ボックスのテーマについて、まず女性社員にしゃべってもらいました。そこで多くの材料を引き出しながら、9つのボックスを俯瞰してつながりを見出します。そして彼女の話をうまく翻訳し、各ボックスのつながりを部下に感じてもらい、広く深い視野で物事を見ることができるようになりました。

**マネジャーは、部下自身が無意識レベルで思っていることとの翻訳者であり、組織と部下をつなぐ翻訳者、周囲との翻訳者でもあるのです。**そして、この9ボックスは、マネジャーの翻訳作業を容易にするツールでもあります。

往々にして、組織の全体観が見えていない部下は、「自分がやりたいことと、今やっていることが結びつかない」などと言うことがあります。そのとき、「個人が持っているベク

## 2-9　各ボックスをすり合わせる

## 2-10　各ボックス間をつなげる

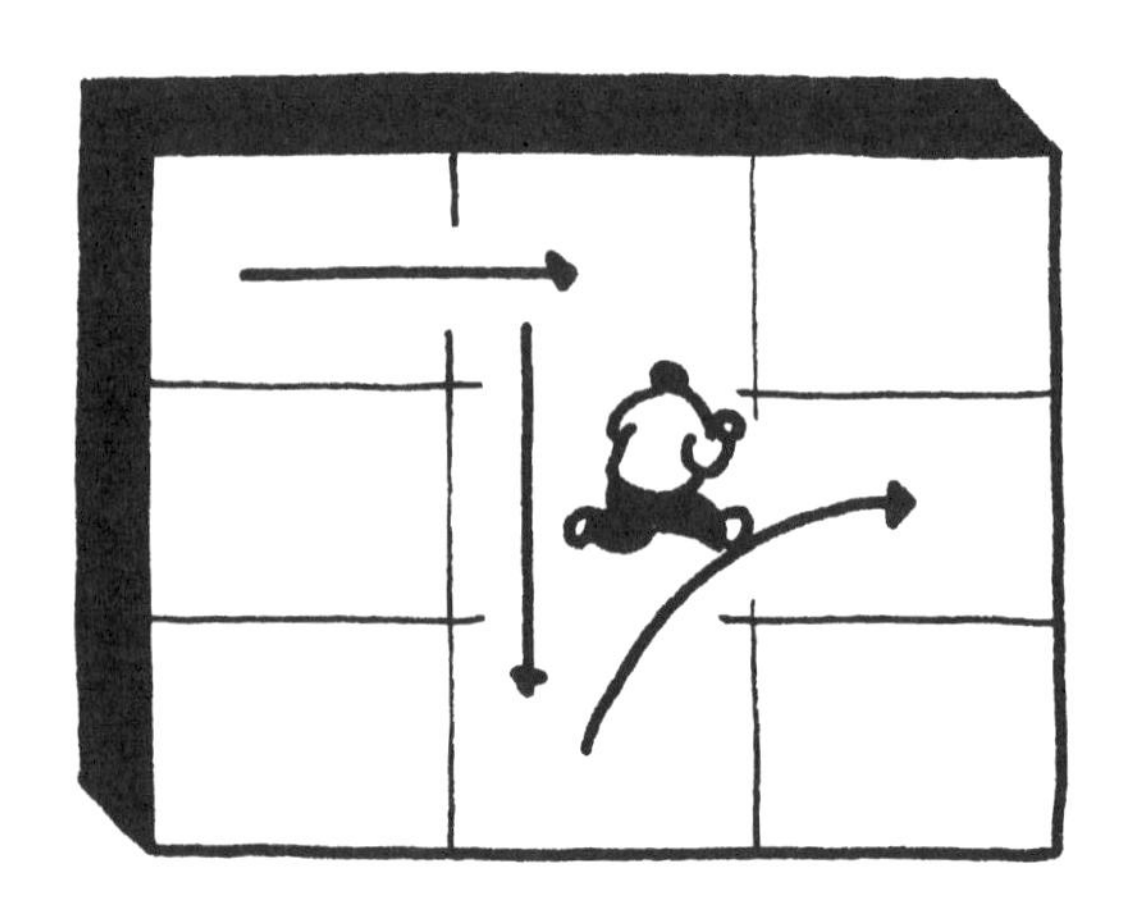

トルと組織のベクトルとをより合わせて、いかに太いものにしていくか」が、マネジメントの大きな役割であると私は思います。そのベクトルの細い糸がより合って、太いロープになっていると、部下が業務レベルでやっていることや成果が、個人のキャリアや成長に、そして会社への貢献につながっていると実感できるのです。

つまり、本書でいう**対話型マネジャーの役割とは、「各ボックスを深くすり合わせること」**（図2-9）**と「各ボックス間をつないでいくこと」**（図2-10）にあるのです。

## 「すり合わせ9ボックス」活用例
## ――目標設定時

「すり合わせ9ボックス」は、部下との対話におけるさまざまな場面で活用することができます。ここでは、ほとんどの組織で話し合われるテーマであろう「目標設定」時の対話を例に、9ボックスの活用法を見ていきます。

たとえば、トップダウン型で部下の目標がすでに決められている場合を考えます。売上

2-11　トップダウン型の目標設定　すり合わせ9ボックス例

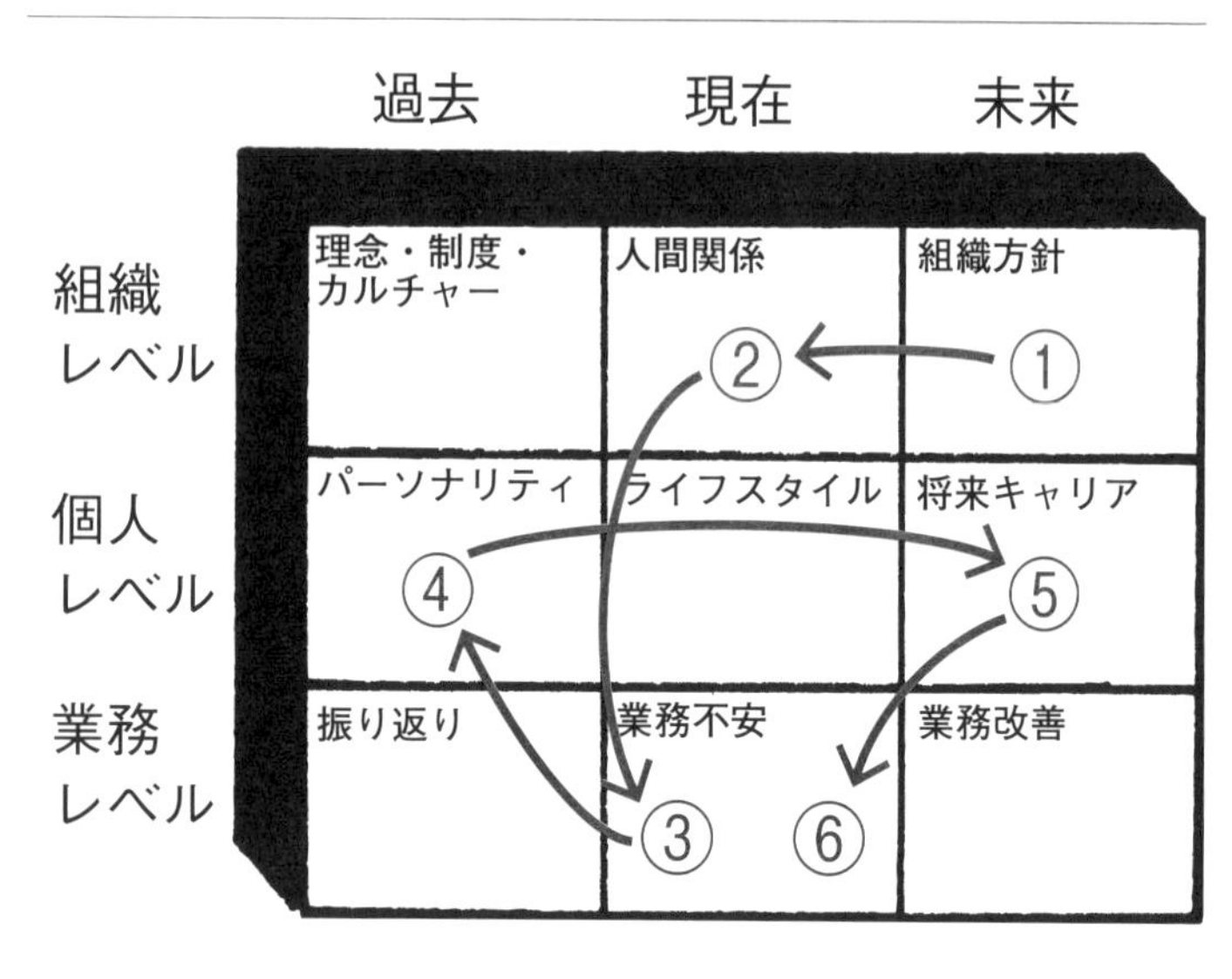


予算などが上からの方針で決められている営業の場合の9ボックスの変遷を見ていきます。

この場合、まず組織方針の話からスタートします。「今、全社の方針がどうなっているのか？」「市場のどこを攻めようとしているのか？」などの話をし、全社の目標が決まったプロセスを丁寧に説明します。次に、他部署の状況や自部署の状態を説明し、全体の目標の中での振り分け配分などの説明をします（「人間関係」ボックス）。

その後、ここまでの疑問点などを部下と対話しながら、部下の個人目標の話をします。これは「業務不安」のボックスに当たり、不安や疑問をさらに深く対話していきます。その個人目標を納得感のあるものにするため、目標を達成するプロセスで獲得できる能力について話し合います。これは「パーソナリティ」のボックスです。そして、そのパーソナリティや能力が、将来やりたいことに対してどう役立つかについて話します（「将来キャリア」ボックス）。最後に改めて、これをやっていくうえでの不安を聞き、達成するためにできることについて対話をし、アクションプランへとつなげていきます。

このようにして、**組織方針からブレイクダウンされてきた目標を、単なる上から降りてきた業務としてではなく、自分事として行うことができるように話を進めていきます。**

なお、これは一例であり、たとえばボトムアップで目標を考えていく際には「振り返り」のボックスから始めて、現状の整理をし、それから「どれだけ伸ばせていけるか？」「どんな改善の余地があるか」を検討するために、「業務改善」のボックスの対話をしていく、という流れもあります。

どういった流れで話すのがベストかを、ぜひこの9ボックスを活用しながら探究してみてください。

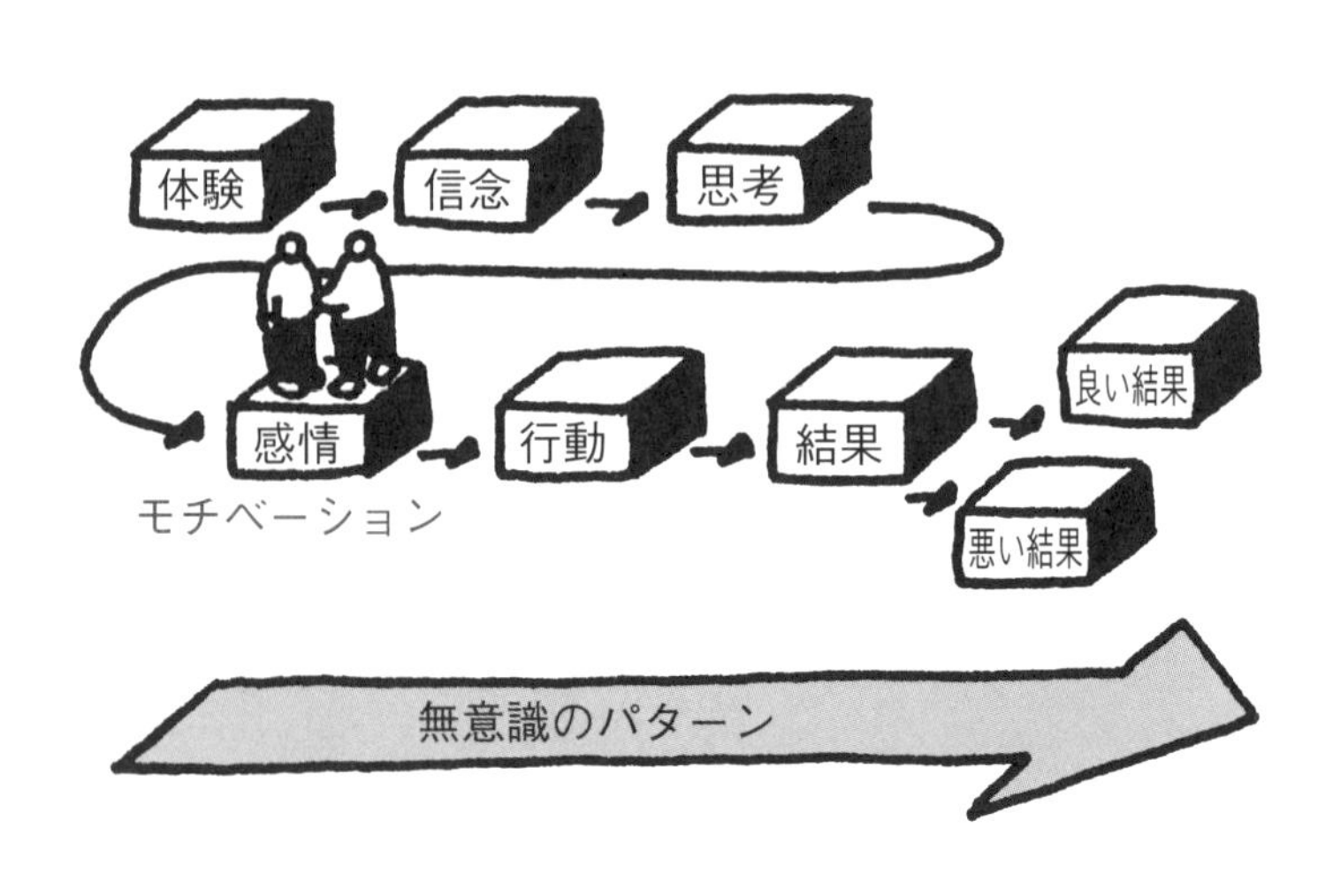


# なぜ、認識はずれるのか

ここまで、組織で対話を行っていただきたいテーマを9ボックスという形でお伝えしてきました。ここからは、もう一歩踏み込んで、それぞれのボックスの中でどのようなコミュニケーションを持つべきか、具体的には「すり合わせ」に必要な考え方とスキルについて見ていきます。

そもそも、対話によって「認識をすり合わせる」とはどのような行為なのでしょうか。ここで、皆さんがこれから9ボックスを活用しながら1on1を進めていく際に、根底として頭に入れておいていただきたい考え方をご紹介します。右の図はNLP（神経言語プログラミング）という心理学で使われる結果をつくる人間の認知行動モデルについて示したものです。ここでは、「なぜ対話が人の行動に変化をもたらすのか」という視点で理解を深めてほしいと思います。

このモデルでは、人間の行動は、「やりたいな」とか「やめたいな」という感情によって生まれるとされています。いわゆるモチベーションが上がったら行動が加速され、下がったら動きが遅くなって結果が出ない、というようなイメージです。では、その感情が湧く源泉は何かというと、思考です。私たちは1日中、頭の中で意識・無意識にかかわらずいろんなことをグルグルと考えています。しかし、その思考には、人によって特定のパターンが見られます。

たとえば、週に1度の定例会議。あるメンバーは、頭の中で「あー、なんでこんな忙しいときに資料つくらなきゃいけないいんだ。そもそもなんで水曜日の午前中にあるんだよ。一番営業行きたい時間なのに」と考えています。一方で、別のメンバーは、「あー、時間ないな。でも、とりあえず最低限皆に共有した方がいいものを資料に載せておこう。水曜の朝はだいたい立て込むから、会議時間を変更した方がいいな。どうやって提案しようかな……」と考えをめぐらせています。この差はどこから生まれてくるのでしょうか。

# 丁寧な対話で思い込みが明らかになる

一般的に考えれば、この2人の違いは、性格の違い、気質の違いなどと説明できると思いますが、ここでは、これを信念と呼びます。

「会議は自分で変えられない面倒なものだ」という信念を持つ人と、「会議のやり方は自分で変えていける有用なものだ」という信念を持つ人。両者では、思考が変わり、その結果、生まれる感情も変わり、行動も変わっていきます。この信念は、思い込みと言い換えることもでき、その人の性格や行動パターンは、信念・思い込みの集積ともいえるでしょう。そしてこれらは無意識のパターンとして脳内にプログラミングされています。

**実際に9ボックスを用いながら丁寧に対話を進めていくと、上司と部下の間で、さまざまな認識のズレ、お互いの思い込みが明らかになります。**業務指示に関して低いレベルで満足しているというような思い込みもあれば、反対に期待以上の仕事をしなければいけないという過剰な思い込みを持っている人もいます。上司自身、対話の中で、知らなかった部下の一面に気づき、思い込みがあったことに気づかされるはずです。

組織で働く中で、組織に対する思い込み、お互いの個人に対する思い込み、業務に関する思い込みは、日々さまざまな形で現れ、ときとして、前著でも触れたような「びっくり退職（何の前触れもなく突然退職してしまう）」や継続的なパフォーマンスの低下をもたらします。

それでは当然、その信念に変化をもたらすことが行動の変化につながっていくと考えられるわけですが、はたしてそれはどのような形で可能なのでしょうか。そのためには、信念というものが、そもそもどのようにつくられるのか、という理解が不可欠です。

このモデルにおいて、信念は体験によってつくられると説明されます。たとえば、先程の会議の例でいえば、会議に参加したことで「有益な情報が得られた」という体験をしたことのある人と、「自分の仕事との関係が見出せない話ばかりだった」という体験をした人とでは、会議に対する信念が変わります。また、「会議の進め方について提案し受け入れられた」ことのある人と、「意見をしても拒絶された」という人とでも、会議に対する信念は変わります。そして、これらの体験を通して得られた信念は、本人も気づかぬうちに、自分の感情や行動に日々影響を与えていくことになります。

もちろん、もっともその人の人格形成に大きな影響を与えるといわれているのは、幼少期や成長期の家庭環境や交友関係での体験とされていますが、日常の業務レベルでも、体験によって仕事に対する信念が日々つくられているのです。

# 内省を支援できる価値

こういった行動の背景を知らぬまま、「ああしろ」「こうしろ」と行動変容を促して、表面的には変わったように見えても、部下の行動はすぐに元に戻ってしまいます。

人が行動を変えるために必要なことは、部下自らが、そういった思い込みを持っていることを自覚し、より良い信念を再獲得することです。**「じっくり対話し、すり合わせる」というのは、1つひとつのボックスの奥にある思考の仕方、つまり「思い込み」の部分に触れていくことに他なりません。**このことについて、ロチェスター大学教授のエドワード・L・デシ氏は、名著『人を伸ばす力―内発と自律のすすめ』(新曜社)の中で、「外発的動機づけ」「内発的動機づけ」という言葉を用いて説明し、1999年に日本で同書が発売されて以来、国内でも少しずつこれらの考え方が普及され始めました。

それまでの日本では、動機づけの中心的な発想として外発的動機づけ、いわゆる「アメとムチ」の考え方があり、「報酬を与えるから、やれと言ったらやれ」で人を動かす時代でした。人口も経済も右肩上がりで、モノをつくれば売れた大量消費大量生産の時代には、そのような軍隊式アプローチはかえって効を奏したと考えられています。

一方、時代は変化し、従業員1人ひとりの考える力が求められる現在においては、内発的動機づけ、つまり部下の内側から動機の源泉を引き出すことが求められています。

デシ氏は、内発的な動機づけを高める要素として、「関係性」「自律性」「有能さ」の3つをあげています。とくに自律性とは物事を自分で選んで決めたという実感のことを意味しますが、前述の行動モデルと照らして考えれば、自らの信念・思考パターンに気づき、これからの行動を自分で決めるという「自己選択」のプロセスは、まさに自律性に直結するといえるでしょう。**現代に働く上司たちは、部下のこうした自己内省的な動きを支援できることがますます求められています。**

## 認識をすり合わせる技術とは

自分の信念、思考パターンに気づくことが大事といっても「言うは易く行うは難し」、すでに皆さんも感じていらっしゃる通り、その気づきを促すことは容易でなく、少々中長期的な腰を据えた取り組みが不可欠です。しかしながら、そうした**気づきを生み出しやすい関わり方というものがある**ことも事実です。

その1つは、**部下にたくさん「しゃべってもらう」こと**です。人間は、人に話をしたり、何かに書き出すようなアウトプットを通じて、初めて、自分が何を感じていて、その背景にどのような信念があり、それはなぜ生まれたのかについて自覚することができます。そうした部下の内省を深めるために、聞き手としての上司の存在は大変重要な役割をはたし、また聞き方によって、内省の深まりには大きな差が生まれます。

もう1つは、部下が自分の行動を内省するきっかけを与えること。具体的には、**事実に基づいた上司の「フィードバック」を行うこと**です。ほめるフィードバックは、部下が「こういう行動がいいんだな」と心の中で確認でき、安心することができます。指摘するフィードバックは、怒ったり、叱ったりすることではなく、部下の行動について、客観的な視点で伝えることで、部下が「なぜ、自分はこの行動を繰り返しているのだろうか?」と考え始める、最初の一歩を後押しします。

このように、9ボックスの各ボックス内での諸認識をすり合わせる技術として、「しゃべってもらうスキル」と「フィードバックするスキル」という2つのスキルに整理し、続く第3章、第4章でそれぞれ説明をしていきます。

第3章

# 「どう（How）」すり合わせるか

## ――しゃべってもらうスキル

# なぜ、しゃべってもらうのか

前章では9ボックスを活用して「何を（What）」すり合わせればいいのかについて、その全体像を見てきました。ここからは、そのテーマに関する諸認識が「どう（How）」したらすり合っていくのかについて見ていきます。

対話により諸認識をすり合わせるためには、お互いに持っている情報や意見や思いを外に出す必要があります。それも、相手がまだ知らない情報や伝わり切っていなかった意見、さらに自分でも気づいていなかった思いなどに気づいて認識のすり合わせができたら、非常に価値がある時間と感じるはずです。

そこで、部下に「しゃべってもらう」ことが重要になります。その理由は3つあります。

**1つ目は、部下自身に気づきが生まれやすくなることです**。数回対話をして、2人にとって新たな情報がそれほどなくなってきたとします。そこから、新たな情報を求める先は部下の内側です。まだ部下が言語化できていない感覚を言葉にするのを支援したり、新しいアイデアが思いつくように、まず部下にたくさんしゃべってもらうことが大切です。

人間は、思っていることを口に出すことによって、正誤を確認したり、思いを明確にします。また、しゃべっているうちに、「そうだ、そうだ」と過去のことを思い出したり、いわゆるシナプスがつながって新しいアイデアも出てきやすくなるのです。このような新しい認識がすり合うことで、部下の成長促進やモチベーションアップにつながります。

**2つ目は、部下の本音が出てきやすくなることです。**これは1on1において、上司がうまくいっていないと感じる項目によく挙がります。「部下が本音を話してくれない」というものです。しかし、人間の本音というのは、パッとすぐに出てくるものではありません。前述の通り、たくさんしゃべっているうちに「実は……」「そういえば……」と、自分でも意識できていなかった本音に気づくのです。

また、本音を言うのは勇気がいることです。しかし、たくさんしゃべることができるほど部下に安心感があれば、本音も言いやすくなります。結果、上司に本音が伝わり認識がすり合えば、不安の解消や安心感というモチベーションアップにもつながるのです。

**3つ目は、部下のエネルギーが高まることです。**しかし、1on1が終わった後によくある光景はこの逆です。つまり**「上司のエネルギーだけが高まっている」ことが多い**のです。なぜかというと、上司が普段思っていることを部下にたくさんしゃべるからです。しかも、良かれと思って、指摘やアドバイスなどの正論を話します。するとしゃべっているうちに、今度は上司がいろいろ思いついて話が止まらなくなるのです。結果、上司はスッキリしてエネルギーが高まります。つまり、しゃべることでエネルギーが高まるのです。

一方、聞いているだけの部下は疲れて、エネルギーがしぼんでいきます。もう上司と対話したいとは思わなくなるでしょう。ですからこれとは逆に、部下にしゃべってもらうことで、部下のエネルギーが高まり、「また上司と話そう」というモチベーションアップにつながるのです。

このように本書では、**しゃべってもらうことの意図を、気づきを促したり、本音を誘発したり、エネルギーを高めることに置いています。**自分が聞きたいことをむやみに、質問しまくるということではありません。相手のペースを尊重して、相手が話したいように話してもらうことが大切です。ここからは、相手にしゃべってもらうスキルを、3つのアクションに分けてご紹介します。

**しゃべってもらうスキル**

① 相手の話に反応する
② 相手の話を返す
③ 相手に質問する

これらを、1つひとつ順を追って見ていきたいと思います。

## しゃべってもらうスキル①
## 相手の話に反応する

相手の話に反応することの重要性について、こんな場面を想像してみてください。

部下が上司に業務の相談をしています。一生懸命に上司に問題の状況を説明しているのですが、それを聞いている上司は、指を額に置いて考えるポーズのままピクリとも動きません。反応のない上司に対して説明する部下は、不安になって声のトーンが落ちていきます。そしてポツリとこう声をかけます。

「聞いてくれてますか？」

これに対して上司はこう答えます。

「うん、聞いてるよ。答えを考えてるんだ」

上司は部下の話を聞きながら解決策を考えているのです。実はこういった場面は非常に多くあります。話を聞きながら外に向けて反応するのではなく、自分の内側で思考してしまうのです。しかし、**話す方は聞き手の反応がないと、思考が停止してしまう**のです。実際に、これと同じ経験をした部下の方はこう話してくれました。

「話さなければならない最低限のことしか思いつかない」

続けてこう言います。

「逆に、話しているときにうなずきや反応があると、自分の言いたいことが湧いてきて、新しいアイデアが思いついたりします」

つまり、相手の反応があるとしゃべりやすくなるのです。

とくに昨今はオンラインでのミーティングが増えてきました。オンラインでは、リアルに話しているよりも五感情報が少ない分、相手の反応が薄く感じます。実際、私がオンライン研修を行う際、何度も「聞こえてますか？」「理解できてますか？」と、受講生に反応を促す質問をすることがあります。通常の研修ではほとんどそのようなことはありません。ですから、オンラインで対話をするときには、相手にしゃべってもらうために、いつも以上に大きく反応することが必要です。

では、相手の話に「反応する」とは、具体的に何を指すのでしょうか。ここでは、４つのポイントを紹介します。

## 1 沈黙：相手にじっくり考えさせて、自分はゆったりと待つ

**対話において、良い時間の1つは、相手が黙って思考をめぐらせている時間です。**このとき人は、いつもの思考パターンではないやり方で脳内の検索をかけています。新しい気づきが生まれる可能性があるので、じっくり待つ必要があります。しかし、上司は沈黙があると、つい自分の考えを述べて沈黙を埋めてしまいがちです。実際に、この話を聞いて沈黙を意識的に取り入れたあるマネジャーはこう言いました。

「女性スタッフと対話していたときに、沈黙を意識して待っていたら、彼女はこんなことを考えていたのかと驚くほどたくさんしゃべってくれました。自分がいかに相手の可能性を閉ざしていたのかということに気づきました」

私のおすすめは、沈黙している間に一生懸命考えている部下を温かく見守りながら、柔らかく笑みをたたえる「仏像スマイル」でゆったり待つことです。

## 2 うなずき：話のタイミングに合わせてうなずき、リズムをつくる

実際に対話する際に一番活用するのは、うなずくことでしょう。ポイントは、相手の話すリズムに合わせること、**一定調子でうなずくのではなく強弱をつけること**です。大事なところで小刻みに2、3度うなずいたり、共感が高いときには深く1回うなずくのもいいでしょう。このようにメリハリをつけることで、相手は話をしっかり受け取ってもらえていると認識して安心感を得て、他の考えに移行できるのです。

とくに、オンラインでの対話のときには重要で、あいづちなどの声が聞こえると邪魔に

なる場合があります。聞いているときはミュート（消音）にしていることも多いと思いますので、うなずきが相手のしゃべりを誘発する大きな要素になります。

## 3 表情：自然な笑顔・口角を上げて、目じりを下げるイメージ

人の脳内にはミラーニューロンという神経細胞があるといわれています。この働きにより、まるで鏡を見ているように、他者の言動があたかも自分の言動のように思えたりします。たとえば、相手が笑っていると自分も笑顔になってくるなどです。

逆に言うと**上司が硬い表情をしていると、部下も硬くなってしまいます**。実際、上司の表情はその場にいる人に対して絶大な影響を与えます。ですから、場の雰囲気をコントロールするマネジメント資源として、自覚的に表情を活用してほしいのです。

そういう意味では昨今のオンラインミーティングは絶好の練習機会を与えてくれます。自分の顔が常に見えていますので、自分の表情が自分の思った通りに動いているのかチェックして練習していきましょう。

## 4 あいづち：相手の話に調子を合わせて言うちょっとした言葉

対話をしているときに、ちょっとした合いの手を入れることで、相手は自分の話に関心を示してくれていると感じて、自信を持って次の話に進めるようになります。これもうなずき同様にポイントは、タイミングと強弱などのメリハリです。

たとえば、私のカウンセリングの師匠は100の「へぇー」を持つ男といわれるほど、「へぇー」だけでも音の高低や厚み、長さなどさまざまなバリエーションを持っていました。そうすると、話す方はものすごく聞いてもらっている感覚になります。

あとは、「それいいね」「おもしろい」など肯定的な言葉をしっかり言葉にして返すことです。**ポイントは、嘘をつかないことです。ごく自然に、一見普通のことでも、少しでもいいと感じたらそれを言葉に出すようにしましょう。**

**例）「へぇ」「ふーん」「ほぉ」「そうかー」「本当に？」「なるほどー」「おもしろい」「それはいいね」「そうなんだ」**

これらの反応を、カウンセリングでは「受動的傾聴」といいます。相手の話をさえぎらずに受容的な態度で黙って聞くことです。ただ、この「傾聴」という言葉は少し誤解を招く言葉なので、私は傾聴という言葉をあまり使いません。一般的に傾聴と聞くと、傾けて聴くと書くので、「真剣に聞く、丁寧に聞く」という認識でいる人が多いと思います。実際、研修でマネジャーの方に1on1において「傾聴をしていますか?」と聞くと、皆「している」と答えます。なぜなら、真剣に聞いているからです。

しかし、**このときのマネジャーの意図は、「自分がちゃんと理解すること」にあります。そのために真剣に聞くのです。では、自分がきちんと理解しようとして聞くと何が起こるでしょうか。それは、反応がなくなるのです。**なぜなら、話を聞いて問題解決しようと、内側に思考してしまうからです。

たとえば、会議の場面を想像してみてください。自分が発言しているときに、出席者は自分の話にうなずいたり、笑顔で聞いてくれているでしょうか。目の前のレジュメやPCを凝視してあまり反応がないことがほとんどではないでしょうか。ですが、聞いてはいます。ところが、このような聞き方だと、表面上は無反応になりがちで、話し手はものすごくしゃべりづらいのです。

**傾聴するのは、自分が理解するためではなく、相手にしゃべってもらうためです。そのために、相手の話に反応するのです。**1つひとつはちょっとしたことですが、このちょっとを大事にするだけで、相手が創造的に話し始めたり、本音を語ったり、エネルギーが高まっていくのです。

## しゃべってもらうスキル②
## 相手の話を返す

先述の通り、相手のために話に反応することはベースとして行ったうえで、さらに相手の気づきを促したり、本音を誘発したりするために行うことがあります。それは、相手の話を相手に返してあげることです。**とくに、相手が話している中でキーとなる重要なポイントや、大きく気持ちが入っている、あるいは気になっている大事なポイントを、「○○なんですね？」というように相手に返します。**カウンセリングではこれを「能動的傾聴」と呼びます。

これには一体どのような効果があるのでしょうか。まず、話し手としては、自分が発した言葉が相手から返ってくるので、「聞いてもらえている」と感じられて安心して話を進めることができます。とくに、相手の内面のことをじっくりと対話する場面で効果を発揮します。

たとえば、問題を起こしたAさんが部長に呼び出されてお説教された後、自分のデスクに戻ってきました。そのことを、直接の上司の課長に報告する場面です。

**Aさん**「さっき、部長に呼ばれて2人でみっちり、説教受けたんです」
**課　長**「えっ、部長と2人で？　それもみっちりか」──**（ポイントを相手に返す）**
**Aさん**「そうなんですよ（うなだれている様子）」
**課　長**「こたえたみたいだね。大丈夫？」**（相手の言葉になっていない気持ちも返す）**
**Aさん**「本当に、こたえました。心配いただきありがとうございます。でも、良かったと思ってるんです。というのは……」
**（状態をわかってもらえていることで、安心して次のステップに進める状態になって話が湧いてくる）**

一方、話を返してもらえないと、どうでしょうか。

**Aさん**「さっき、部長に呼ばれて2人でみっちり、説教受けたんです」

**課　長**「うん」

**Aさん**「(『うん』って課長は、この状況をわかってくれているのだろうか？)結構、話が長かったんですよ」

**課　長**「部長は昔からそうで、俺は半日くらい説教とかしょっちゅうされてたから」**(相手の話を受けて、自分の話をする)**

**Aさん**「あ、そうなんですね……」**(自分の大変な状況をわかってもらえなくて、その後の話ができなくなる)**

このように、自分の話を受けとめてほしい場面において、話を返してもらえると聞いてもらっている安心感とともに、話がどんどん湧いてくるのです。

## 相手の話への3つの返しポイント

さらに、具体的な相手の話への返し方について見ていきたいと思います。実際に、聞き手は相手の言葉を切り取って返していくわけですが、話の「どこ」を返すか、「どう」返すのかで、その目的や効果が変わってきます。これを、現場ですぐに使える形に3つにまとめました。次ページの図3-1はその効果とポイントです。これに沿って、順に見ていきましょう。

## 1　共感の返し

**1つ目は「共感」の返しです。相手が感情的なとき、つまり怒ったり、悩んでいるようなときに、感情を合わせていくことで信頼関係を高める効果があります。**

**課長（部下）**「結構意識しているんですが、年上の部下に厳しい言い方ができなくて、本当に困っているんです」

**部長（上司）**「その様子だとかなり困ってるみたいだね。年上の人に厳しく言うのは本当に大変だよね」

ここでの返しのポイントは2つあります。

まず、**「私もそう思う」という短絡的な同感を示すのではなく、相手の言い方や表情と**

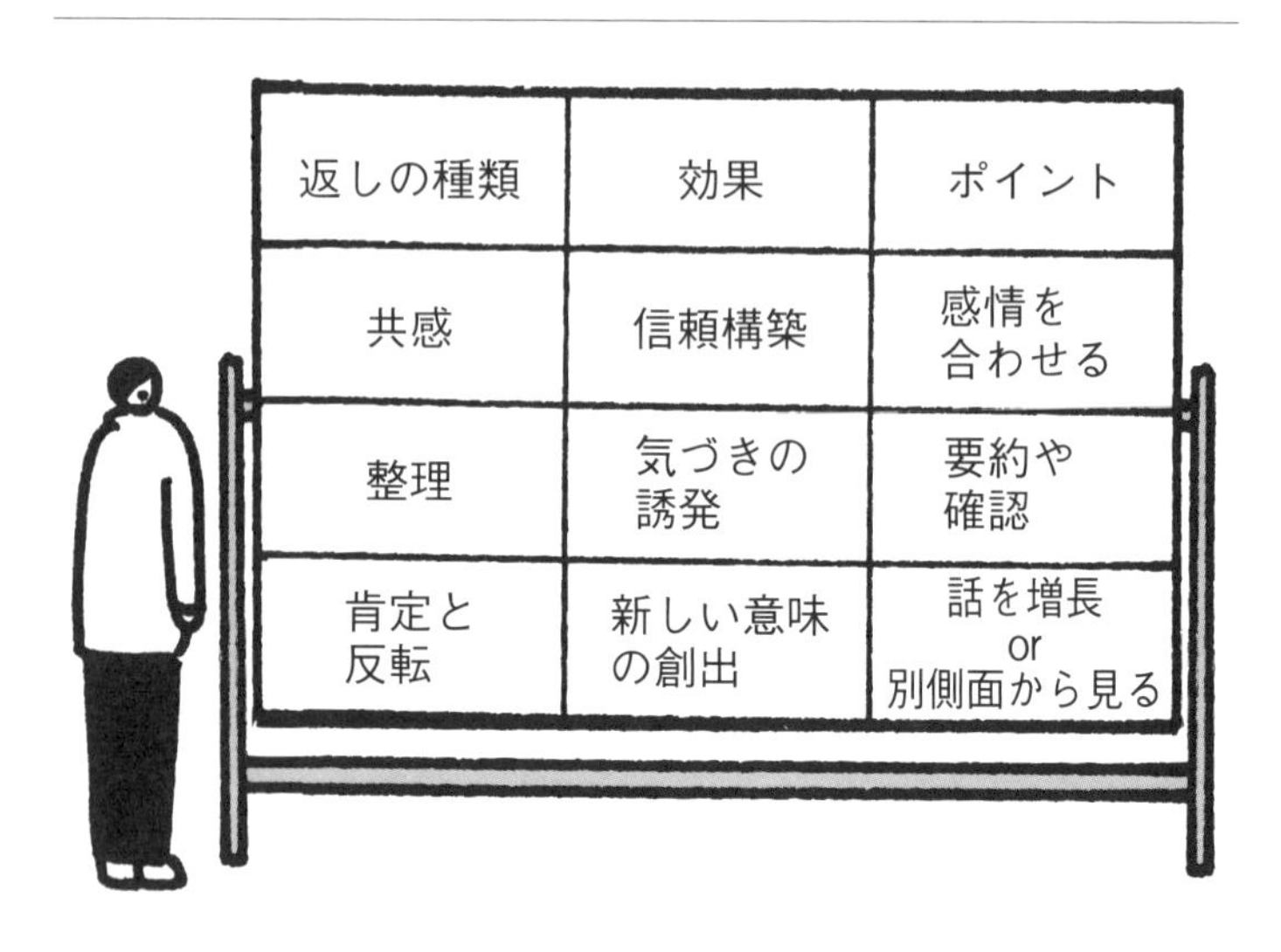

| 返しの種類 | 効果 | ポイント |
|---|---|---|
| 共感 | 信頼構築 | 感情を合わせる |
| 整理 | 気づきの誘発 | 要約や確認 |
| 肯定と反転 | 新しい意味の創出 | 話を増長 or 別側面から見る |

**いった言葉以外から感じられる状態を正確に描写すること**です。つまり、「その様子だとかなり困ってるみたい……」というのは、「大変そうな様子が伝わっているよ」という相手へのメッセージになります。

次は、**感情には感情で返すということ**です。相手の「困る」という言葉を返すのに、棒読みで「たいへんでこまるよね」と言われたら、相手は「本当にわかってくれてますか？」と疑問に思います。相手の感情の部分を返すとき、切り取る言葉以上に大事なのは、相手と感情を同調させることなのです。そうすると、相手は「わかってもらえた」「理解してもらえた」と安心することができます。

カウンセリングの場面ではこれを丁寧に

行いますが、ビジネスの現場ではおろそかにされがちです。ですから逆に言うと、ここに意識を少し向けるだけでも効果は絶大ですし、これが少しでもできるマネジャーはこれから大変重宝されるでしょう。

## 2 整理の返し

**2つ目は「整理」の返しです。相手が早口で話の展開が速いときや、丁寧に話を進めたいときに活用します。**「つまり、○○ということ?」「○○というと?」などのように、**要約や確認を行い、相手の話を整理していくことで、気づきを誘発します。**

**部下**「結構意識しているんですが、年上の部下に厳しい言い方ができなくて本当に困ってるんです」
**上司**「なるほど。そう意識してるんだね。ちなみに厳しい言い方っていうのは?」
**部下**「厳しい……というより、自分が思っていることをはっきり伝えたい、ですかね」
**上司**「自分が思っていることが相手に『伝わらない』ことがすごく困ることなの?」

**部下**「伝わらないというより、あっ、その前ですね。そもそも、自分が思っていることを言えてないっていうことです」——**(気づき)**

この事例では、部下が最初は厳しい言い方ができないことが問題だと思っていましたが、言葉を整理していくことで、自分が思っていることを言えていないことが問題だと明確になっていきました。このように、**キーになりそうな言葉を切り取って、その人なりに言葉や意味を整理するときに効果があります。**

というのも、私たちは、いつも話をしている決まった内容については理路整然と話せますが、対話しながらその場で思いついたことを話すと、その内容は非常に曖昧になりがちです。

そのうえ、話のテーマがモヤモヤと悩んでいることであれば、まだ考えが明確になっていないでしょう。発話してみて、その言葉を相手に返されて整理されながら、自分の中で考えがクリアになっていくのです。つまり、話しながら内省する状態になります。そこから自分の考えを改めて深く理解できたり、新たな気づきが生まれたりするのです。

## 3 肯定の返しと反転の返し

**3つ目は、「肯定と反転」の返しです。**肯定も反転も、相手の話を元に加工して返していきます。そうすることで、**相手の思い込みに対して、新しい意味を見出してもらいます。**

肯定は、相手の話の肯定的な側面に焦点を当てて返すことです。とくに**相手の良い部分については、強調、あるいは声のトーンを高めるなど、増長して返してあげるようにします。**そうすることで、相手の認識以上に良いことなのだという意味を伝えます。

反転は、「リフレーミング」とも呼ばれ、**相手の言っていることを別の側面から見て伝えること**です。たとえば次のようなイメージです。

**相手**「マネジメントが全然できてないんです」
**自分**「全然できていないのか。ちなみに、マネジメントっていうのは？」**（整理）**
**相手**「うーん、1on1もスキップしてますし、じっくり話ができてないですね」
**自分**「なるほど。逆に言うと1on1ができてないだけで、他はできてるところあるっていうこと？」**（反転）**
**相手**「まぁ、そりゃできているところもありますよ」

**自分「なんだ、うまくいってるところもたくさんあるんじゃない」――（肯定）**

このように反転と肯定の返しをすることで、「マネジメントが全然できていない」という思い込みから「マネジメントができている」という逆の認識に立つことができます。そのうえで、まだできていない一部の課題に対して、前向きに取り組む状態をつくることができるのです。

# 「ついしゃべってしまう」の構造――話を返す具体例

今まで見てきたように、相手の話を返すことで、相手は「つい」しゃべってしまうのです。

これは、どのような構造かというと、次ページの図3-2のように、話し手が自分でもまだ見えてない無意識領域に、どんどん虫食い穴が開いていく状態です。

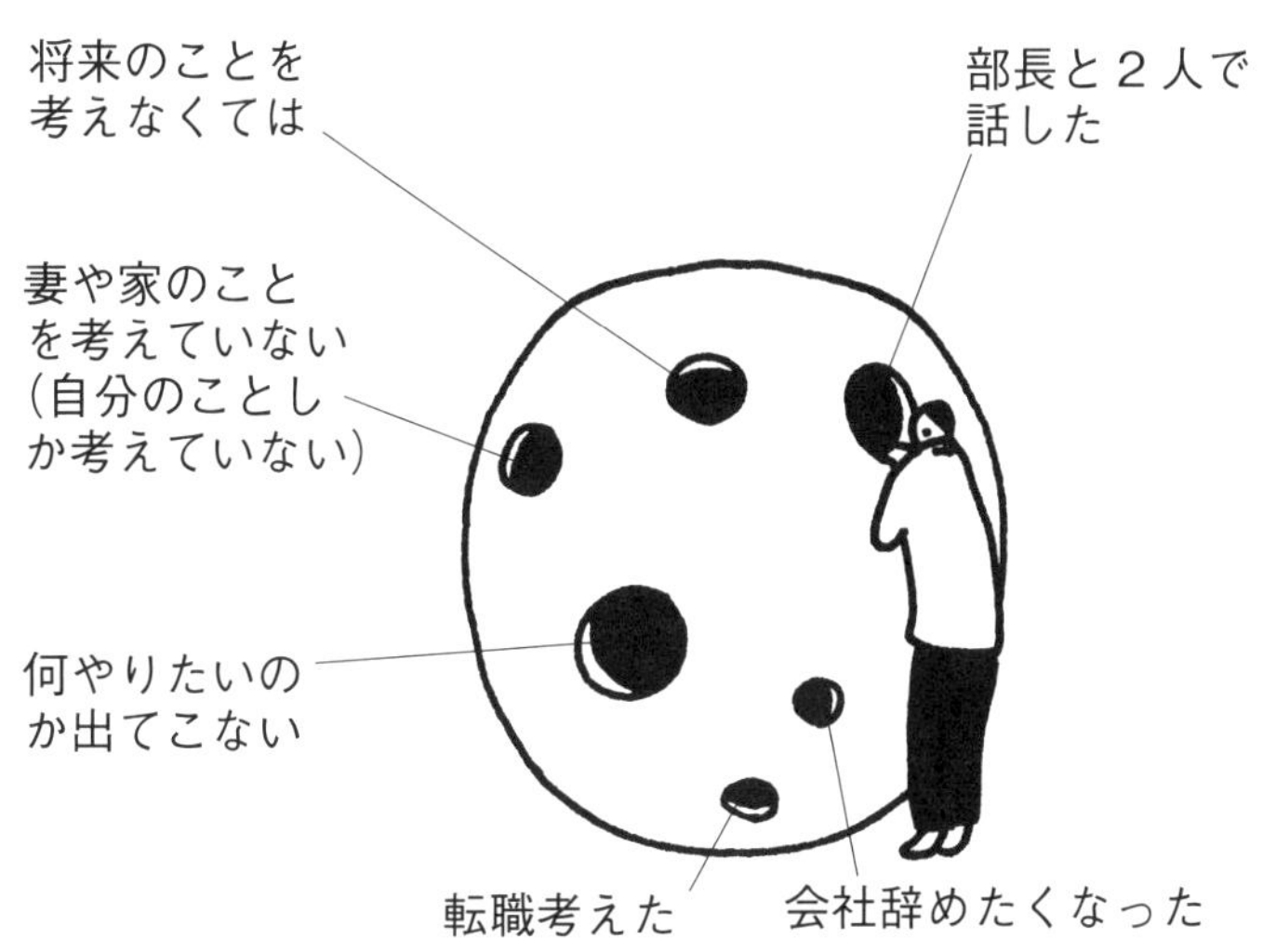


**Aさん**「昨日、部長に呼ばれて2人で話したんですよ」

**課　長**「えっ、部長と2人で話したの？」

**Aさん**「そうなんですよ。そうしたら、やっぱりいろいろ問い詰められて、もう会社辞めたくなりました」

**課　長**「えぇっ！　そこまで追いつめられたんだ……」**（共感）**

**Aさん**「そうなんですよ。本当に転職も考えたんですけど、今何やりたいのか冷静に考えたら出てこなくて……」

**課　長**「そうか、いったん冷静に考えてみたんだね。そうす

るといろいろ気づきそうだね」（整理）

**Aさん**「はい。冷静になって考えたら、何がやりたいかもそうなんですけど、妻のこととか家のこととか全然考えられていませんでした」

**課　長**「あぁ、そうだよね。自分だけの話じゃないものね」（整理）

**Aさん**「そうですね。改めて将来のことをしっかり考えなきゃな、と思いました」

**課　長**「たしかに良い機会だから将来キャリアについて一緒に考えていこうよ」（肯定）

**Aさん**「ありがとうございます。改めてお話できてスッキリしました」

このように、話し手はしゃべっているうちにどんどん思いつきを得ていきます。そうすると無意識領域が虫食いされていき、それを自分で俯瞰することで「あー、ここが一番気になっていたんだ」と気づくことができます。

また、虫食い穴が開いていくことで、たくさんしゃべることができます。そうすると「たくさん話せてスッキリした」と、**ことさら問題を「解決」しなくても、問題が「解消」されていきます**。逆に言うと、上司がいつもの問題解決モードで接すると、部下が自分で問題を解消させたり、自己解決する機会を妨げてしまうのです。

つまり、じっくり対話する場での**上司の役割は、まず部下にしゃべってもらうことで、まだ空白の部下の頭（心）の中に、虫食い穴を開けていくことです。そこにこそ価値があるのです。**しかし、多くの上司は、部下の話をただ返していくことに価値を見出せず、「上司として何か価値を発揮せねば」とつい上司ばかりがしゃべってしまうという構図になるのです。今一度、部下にしゃべってもらうことにこそ価値があるということを念頭に置いて、対話をしてみましょう。きっとマネジメントのパラダイム転換が起こるはずです。

## しゃべってもらうスキル③
## 相手に質問する

ここまでは、相手の話に反応したり、話を返すということを見てきました。ここからさらに深くしゃべってもらうために質問について見ていきたいと思います。ここでは各ボックスの奥にある潜在的な部分まで深掘りしていく「具体化質問」と、ボックス内の横に広げていく「拡大化質問」の2つの質問をご紹介します。

# 「具体的には？」
# ——縦に掘って具体化する

まずは、具体化質問から見ていきましょう。人は事実を自分のフィルターを通して認識しています。たとえば、上司から指摘された事実に対して、Aさんは「わざわざ指摘をしてくれる優しい上司だ」という認識を持ち、別のBさんは「わざわざ指摘してくる面倒くさい上司だ」と認識します。そして、その認識を無意識に抱えたままコミュニケーションをしていますので、誤解や間違いが起こるのです。また、自分自身その認識が当たり前だと思って気づいていませんので、認識を変えるのは難しい面があります。それが、自分の行動に制限をもたらしています。

ですから、**その思い込みである認識がどのようにつくられたのか、深掘って確認していくことが必要です。それが具体化質問**です。具体化質問には、以下の3つがあります。

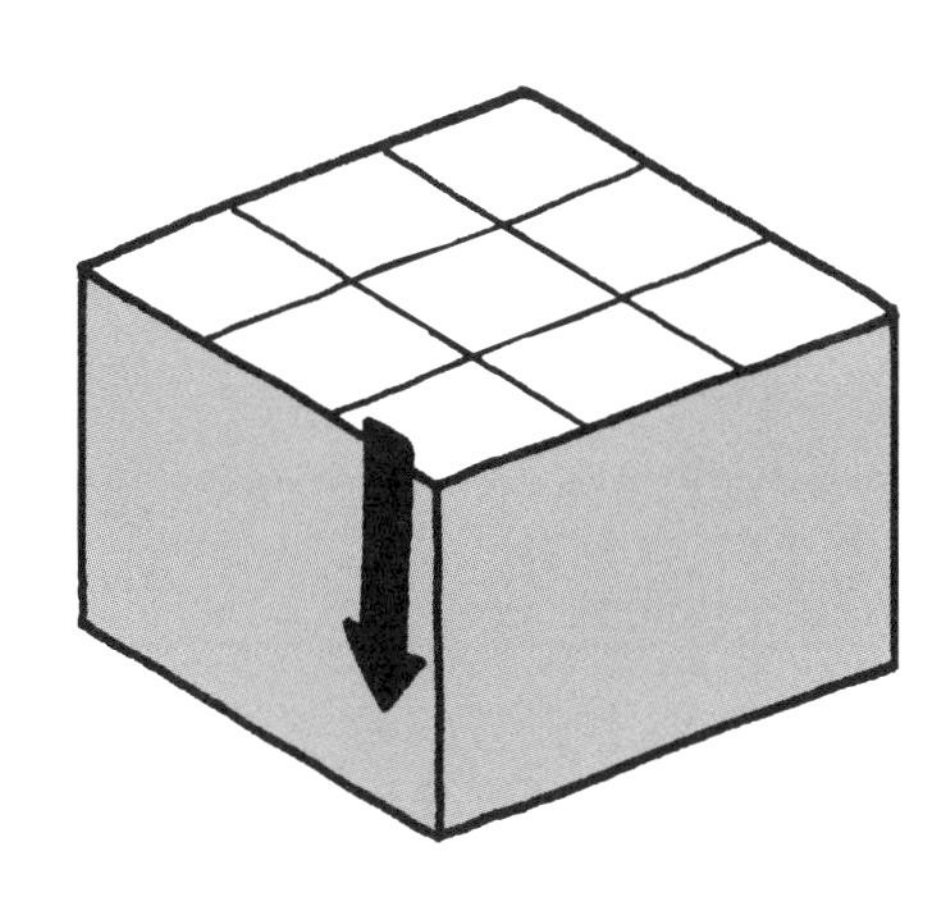

## 1　促し

相手が話したいことを、詳しく話してもらいます。相手が話すうち、自然と話が深掘りされて具体化していきます。相手に任せているので、相手に負荷はかかりません。ですから、**話し始めなどまだ対話が温まっていないときに活用するといいでしょう。**

**例）「もうちょっと聞かせてもらってもいいかな？」「というと？」「それでそれで？」**

## 2　深掘り

質問者が意図的に話を深掘って具体的にしていきます。答え手にとって回答がまったく浮かばないような質問をすると、場合によっては問い詰められているような印象を与えることもあります。しかし、深掘りすることを合意できているときには、良い発見がある可能性があります。

**例）「具体的に言うと？」「たとえば？」**

## 3 定義

言葉の意味や意図を明確化していきます。自分が心の奥底で感じていることや経験してきた事実をすべて言葉で語ることはできません。言葉は五感で感じる情報量に比べて圧倒的に少ないのです。ですから、少しでも思っていることを正確に、あるいは確信を持って表現できるように後押ししていきます。

**例）「あなたにとって、○○ってどういうこと？」「本当に？」**

対話例1

**課長（部下）**「最近マネジメントに手を焼いていまして……」

**部長（上司）**「そうなんだね。もうちょっと聞かせてもらってもいいかな？」

課長（部下）「近頃、マネジメントっていうのがよくわからなくなってきたんです」（1．促し）

部長（上司）「そうか。マネジメントってそもそも、課長にとってどんなイメージがあるのかな？」（3．定義）

課長（部下）「面倒くさい、ですね」

部長（上司）「なるほど、たしかに面倒なところあるよね」（共感）
「具体的にどんなところが面倒に感じるのかな？」（2．深堀り）

課長（部下）「調整するためにいろんな人の顔色をうかがうところでしょうか」

部長（上司）「ほほぅ。というと？」（1．促し）

課長（部下）「つい、話しやすい人とばかりコミュニケーションを取ってしまって、話ができていない人とは明らかにコミュニケーションを取りづらいのです。それで何かにつけ反発してくるので、その人の状態をいちいち気にしなくてはいけなくて……」

部長（上司）「ほぉ、なるほど。話しにくい人がいて、その人への対応に意識や時間を取られてるということかな」（整理）

課長（部下）「まぁ、そうですね。今一番気にかかるのはそこですね」

**部長（上司）**「なるほど。じゃあマネジメントというか、その人への対応の仕方について、いろいろ考えてみようか？」――**（真の課題設定）**

**課長（部下）**「はい、お願いします！（明るい表情）」

このように、答えを出さなくても、話を返して具体化質問を行うだけで、最初の認識（思い込み）から真の課題（事実）が見えてきました。

**最初の認識（思い込み）：マネジメントは面倒くさい**

**↓**

**真の課題（事実）：話しにくい人への対応に意識と時間が割かれている**

ここまで来さえすれば、あとは課題に対して部下の考えを尊重しつつ、お互いの意見を出し合っていけば、自ずと話は解決に向かっていきます。

# 「ほかには？」——横に広げて拡大化する

次に、話を広げる拡大化質問について見ていきます。

「相手は思っていることを全部話してくれているのか？」「相手は本音を話してくれているのか？」——対話をしていると、こういった疑問が湧いてきます。

こんなときに活用できる便利な問いかけがあります。**「ほかには？」という言葉です。**

この言葉について、1on1ミーティングを戦略的に行ってきたインテル元CEOのアンドリュー・S・グローブ氏は「もう1つ質問する」という表現を使って説明しています。

「ある主題について部下が言いたいことを全部話したと思ったなら、上役はもうひとつ念のための質問をしてみる。〝双方が〟問題の底にまで達したと満足感を覚えるまで質問を繰り返して、部下を励まし思考の流れを続けさせるようにすべき」（『HIGH OUTPUT MANAGEMENT 人を育て、成果を最大にするマネジメント』アンドリュー・S・グローブ著、小

林薫訳、日経BP）

対話例2　※対話例1の続き

**部長**「さっきマネジメントが面倒くさいっていうイメージがあるというところから深掘りして話し始めたけど、**ほかには**マネジメントってどんな感じを受けるかな？」

**（拡大化）**

**課長**「うーん、そうですね。苦手意識でしょうか」

**部長**「ほぉー、そういう側面もあるんだね。苦手意識か……」

**（沈黙で待つ。一緒に探すように）**

**課長**「そうですね。逃げちゃうといいますか……」

**部長**「逃げちゃうというか……？　何だろうねー」

**課長**「なんかぼんやりしてて成果が見えづらいんですよね。結局、チームの目標達成が成果じゃないですか？　私が全面的にやった方が成果は上がるからついやってしまうんです。成果が明確でないものに対して、やる気が湧かないのかもしれないです」

**部長**「なるほどー。目標達成っていう成果に焦点が当たっているから、その最短距離を行こうとしちゃうんだね。でも、それ強みだよね」**（整理・反転の返し）**

**課長**「まぁそれで結果を出してマネジャーになったということもありますが……ただ、みんなが主体的に取り組んで結果を出すというところに、そろそろちゃんと向き合わなきゃいけないと思います。同じこと繰り返しているので」

**部長**「うんうん。そろそろ次の段階にきてるんだろうね。そのためにどんなところから始めたいと思ってるかな？」**（実際のアクションプランに落としていく）**

このように、相手の話を返して2つの質問を中心に対話するだけで、事実を俯瞰でき、さらに再認識が生まれました。

**最初の認識（モヤモヤ）：マネジメントに苦手意識がある**

**↓**

**事実（具体）：成果を出すために、自分が動いて最短距離を取っている**

**↓**

**再認識（事実を俯瞰）：自分がマネジメントに向き合うときがきている**

この対話例のように、新たなアクションが生まれたところで対話を終えてもいいと思います。ですが、ここでさらに質問して掘り下げることで思わぬ収穫につながることがあります。

対話例3　※対話例2の続き

**部長**「この機会だからちょっとしつこいかもしれないけど聞いてもいいかな？」**（合意を取る）**

**課長**「はい。大丈夫です」

**部長**「マネジメントのイメージが、面倒くさい、苦手意識がある、ということだったけど、**ほかにどんな**意味がありそうかな？」

**（拡大化／「どんな意味」という言葉からはポジティブな要素が出やすい）**

**課長**「意味ですか……。やっぱり成長はしますよねー」

**（マネジメントにポジティブな意味も含まれていたことがわかる）**

**部長**「たしかに成長しそうだよねー。それってちなみにどんな成長かな？」

**（2．深堀り）**

**課長**「自分だけのことじゃなくて、人のことを考えられるようになるので視野が広がりますね」

**部長**「うん、絶対に視野は広がるよね。うん、うん。**ほかにどんな**成長がありそうかな？」

**（拡大化）**

**課長**「うーん……」

**部長**「成長することで視野が広がるし、あとは……（一緒に考えるようにゆっくりと）」

**（次の気づきが出てきやすくなるよう、それまでの流れを声に出しながらサポート）**

**課長**「なんというか、次の次元に行けるような気がします」

**部長**「おぉ、いいね。〝次の次元〟かー。今思いつく次の次元って、たとえばどんな世界？」（**2．深堀り**）

**課長**「自分だけの限界というものを感じているので、やっぱり周りを巻き込んで何かを成し遂げられる世界ですかね。それの自分なりの方法とかパターンを持ちたいですね。そうすると自信が持てると思います」

**部長**「なるほどー。自分の限界を超えるってことだね。そういうパターンをぜひ確立したいね。そうだとすると、自分の理想のマネジメントに取り組むことって、たとえばどんなことがあるかな？」（**2．深堀り／行動変容への具体化例**）

**課長**「やはり、仕事を任せるということをもう少し意識してやっていきたいです」

**部長**「いいね。じゃあ、その『任せる』を実際にできるように、もう少し具体的な場面で考えていこうか？　たとえば、どんなことができそうかな？」（**2．深堀り**）

このように、**話の具体化と拡大化を繰り返すことで、新たな行動変容を起こすことができます。**ここまできたら、出てきたアクションプランについて、上司も意見を加えるなどして、良い対話を行うことができるでしょう。

ここまでの対話例を簡単に振り返ってみると、当初、課長は「マネジメントが面倒くさい」と言っていました。それを掘り下げただけでは、「マネジメント＝面倒くさい」で終わってしまいます。「ほかには？」と横に広げて、可能性が拡大化したからこそ、3つ目の「成長」という言葉が出てきました。私の経験に照らしてみても、3つ目くらいでようやく本音が出ることが多いです。そして、さらにそこを掘っていくことで、新しいアクションも出てきました。**つまり、たくさんしゃべってもらうから、これらが出てきたのです。**

**人間が持っている認識や感情は1つだけではありません。質問の仕方次第で、相手も気づいていない可能性が見えてきます。**しかし、私たちは相手が言っている言葉だけにとらわれてしまい、可能性を広げることがなかなかできません。ですから、こういった「質問の型」から入ることが重要なのです。

## 質問するときのコツ①
## 相手に合意を取る

これらの質問を効果的にするコツが2つあります。まず1つ目は、相手の内面を質問によって深く掘っていくときには、相手の「合意（コンセンサス）を取る」ことです。合意なしに、質問によって相手が大事している価値観や隠していた感情に、勝手に焦点を向けられると、嫌な気持ちになる場合があります。相手は「ずけずけと土足で踏み込まれている」と感じるのです。

対話を始める前に**「今日は、理想の将来キャリアについていろいろ深掘りして考えていこうと思うんだけどいいかな？」**と合意を取るようにすると、相手も聞かれる準備ができてスムーズに進みます。

なぜ、質問されると嫌な気持ちになることがあるのでしょうか。そのためには、質問の性質を理解しておく必要があります。**質問とは相手の「思考を方向づける」こと**です。たとえば、友人に「どんなタイプの人が苦手なの？」と聞かれたら、苦手なタイプに自分の考えがフォーカスさせられます。自分は、別にそのことを考えたくなかったかもしれないのに、です。**さらに、質問は思考を方向づけるだけでなく、「答えを要求」します。**もちろん、拒否する自由はありますが、求められているのは答えです。つまり「どんなタイプの人が苦手なの？」という質問は言い換えると、「苦手なタイプの人を教えなさい」と、暗に言っているのです。

**要するに、質問とは体のいい「命令」です。**ですから、我々が自覚しておくべきは、質問の方向によっては相手に辛いことを強いる可能性があるのだということです。ですから、相手の合意を取っておくことはとても大切です。

## 質問するときのコツ②
## 詰問を探求に変える3つの「感」

たとえば部下の成果が出ていなくて、まだ対策がまとまっていない場合に「先週何やってたの？」「で、これから、どうやって挽回しようと考えてるの？」などと、上司に質問されると、質問が「詰問」と受け取られやすくなります。しかし、質問している側としては、詰問したいわけではありません。質問によって考えて答えてほしいのです。

そもそも質問とは英語で「Ｑｕｅｓｔｉｏｎ」であり、語源の「Ｑｕｅｓｔ」は探求や探索という意味です。つまり、詰めではなく前向きに探求するのが、本来の質問です。

そのために**一番大事なことは、相手に関心を寄せることです。**本当にその方向のことについて「知りたい気持ちがあるか？」「相手をサポートしたい気持ちがあるか？」というあり方が重要です。

**次に、そこから派生する言い方が大事だと私は考えています。**その際のポイントを３つご紹介します。**1つ目は、間を十分に取る「じっくり感」。2つ目は、相手を性善説で見る「不思議感」。3つ目は、ともに考える「一緒に感」です。**

まずは、「じっくり感」ですが、これは十分に間を取りながらじっくりと話を進めることです。相手にとってネガティブなことを息つく間もなくパンパンと質問されると、自分の意図しない方向にどんどん追い詰められている感じがして苦しくなります。

次に、「不思議感」ですが、相手を性善説で見ると、ネガティブな現状の事実に対して「おかしい」「不思議だ」という感覚が生まれます。それを**「なぜ、今回成果が上がらなかったんだろうね？（君は成果を上げられる能力があるのに不思議だね？）」**という表現で伝えるのです。こう伝えられると「あなたのことを認めています」ということが非言語で伝わるので、相手は安心感が持てます。

最後は「一緒に感」です。「先週何やってたの？」と、一方的に思考させられると、相手は突き放されたような感じがしてしまいます。ですが、そこに「一緒に考えようか？」というニュアンスが入ると安心感が持てるのです。**「先週までできているところを確認しようか？」「これからどんなことができるか一緒に考えていこうか？」**という言い方です。

このように第3章では、対話による諸認識をすり合わせる技術のうち、「しゃべってもらうスキル」について見てきました。第4章では、もう1つの「フィードバックするスキル」についてご紹介していきます。

# 第4章

# 「どう（How）」すり合わせるか
## ――フィードバックするスキル

# フィードバックの目的

対話すべきテーマについて「どう（Ｈｏｗ）」したら認識をすり合わせられるのか——そのためのスキルのうち、第４章では「フィードバックするスキル」について紹介していきます。**フィードバックとは、本書では「上司が、部下の成果創出や成長にとって有益になる部下自身に関する情報を伝えること」と定義します。**これは、フィードバックの諸説ある語源の中でも「フィード（栄養）をバックする（与える）」という意味に準拠しています。

もう少し具体的に考えると、部下の成果創出や成長は、上司や組織がその部下に「期待していること」を前提としています。本書のテーマである、対話によって諸認識をすり合わせるということは、上司や組織の期待と部下の意向をすり合わせるということでもあります。ですから、**フィードバックをすることは、部下と組織をつないでいくことにもなるのです。**

しかし、いくら一方的に上司が有益だと思うことを伝えたとしても、１回で部下に伝わらないこともあるでしょう。その際には、部下にどこまで伝わったのかをしゃべってもらうことで、認識のすり合わせができます。つまり、**対話において、フィードバックするス**

**キルが機能するためには、しゃべってもらうスキルとセットであることが不可欠です。**

フィードバックをする目的は、フィードバックから始まる対話によって、その後の部下の行動が強化または修正されて成果につながっていくことです。これにより、部下の不安の解消やモチベーション向上、成長促進が行われていきます。本章では部下の成果につながるフィードバックについて具体的に見ていきます。

# 2種類のフィードバック

部下にとって有益なフィードバックは2種類あります。1つは、**部下の行動強化をもたらす「ポジティブ・フィードバック」**。もう1つは部下の**行動修正につながる「チェンジ・フィードバック」**です。

ポジティブ・フィードバックは、部下の行動が上司の期待に合致しているときに「合っているよ」と伝えることです。具体的には、まず、一見当たり前に見える部下のがんばりを「認める」こと。そして、部下のすごいところを「ほめる」ことで、その行動を強化していきます。

一方、チェンジ・フィードバックは、部下の行動が上司の期待とずれているときに「ずれているよ」と伝えることです。具体的には、部下のずれた行動を指摘して、確認、修正をしていきます。

この2つのフィードバックにおける、「認める」「ほめる」「指摘・確認・修正する」という行為を理解するために、上司と部下が車に乗っている場面を想像してみてください。

部下が運転する車の助手席に上司が乗っています。上司が目的地を告げて、部下が運転し始めました。このとき、上司が部下に期待することは、安全運転で事故がなく、かつ最短距離で目的地に到着することです。

この状況下でいえば、**「認める」とは、部下が上司の期待通りに道を間違えず運転しているときに、「いいね」「順調だね」と肯定的な言葉がけをすること**です。上司からすると、わざわざ口にするまでもないことと感じるかもしれませんが、部下は内心「これでいいのかな?」と不安になっていることもあります。上司からの「これで合っているよ」というメッセージがないと余計な迷いが生じて、成長速度やパフォーマンスが下がる可能性があるのです。ですから、当たり前のことと軽視せずに、言葉に出して伝えることが非常に大切です。

次に**「ほめる」とは、すごいこと、つまり期待を上回る部下の行動についてそれを言葉**

**で伝えること**です。この状況のすごいこととは、たとえば、注意深い運転によって小さな障害物を発見し、瞬時に華麗なドライビングテクニックでかわしたり、上司も気がつかなかった最短ルートを見出して運転することです。それに対して「障害物に引っかからずに済んで○○さんの運転で本当に助かったよ」「こんなルートを見つけるなんてさすがだね！」と言葉がけするのがほめることです。これにより、部下は自分の能力やスキルにさらに自信を深めて成長が促進されたり、モチベーションが上がって成果につながりやすくなります。

最後に、**「指摘・確認・修正する」とは、期待とのずれを伝えて認識を修正してすり合わせること**です。この状況では、たとえば部下が時速40kmで走っているとします。道路の制限速度は60kmで、上司も60kmを期待しています。上司の期待から考えると、安全運転ではありますが効率的ではないと感じ、上司は「スピード遅いよ」と指摘します。そこで部下は45kmにアップします。指摘が曖昧だと認識が一度ですり合わないこともあります。指摘する際は、期待を明確にして対話することが不可欠です。

また、部下は上司が60kmを期待しているとわかっていてもどうしても出せない、ということも考えられます。それは、60kmである必要性や背景を理解しておらず、納得していないのかもしれません。あるいは、どうしても60kmを出せない理由が部下の背景にあるにもかかわらず上司にそれを伝えられていないのかもしれません。このように、お互いの認識のずれを修正して行動につなげていくために、まだすり合っていない情報や思い、意見をすり合わせていく必要があります。そうしてきちんと認識がすり合うと、部下は最大限のパフォーマンスを発揮できるのです。

このように、「認める」も「ほめる」も「指摘・確認・修正する」も、それぞれ表面上の行為は異なりますが、**目的は上司と部下の認識をすり合わせて、その方向に向けて行動していくことを促すという、同じことをしています。**

さらに、それぞれの行為について詳しく見ていきたいと思います。

## ポジティブ・フィードバック──「認める」と「ほめる」の違いと構造

まず、ポジティブ・フィードバックから見ていきたいと思います。上司がポジティブ・フィードバックをする目的は、先述の通り部下の行動を良い方向に強化していくことです。

具体的には認めるとほめるの2つがあります。

まず、認めるとは、期待に沿っている行動を口に出して伝えることです。**着目すべきは、一見当たり前のように見えるけれども、部下なりにがんばって取り組み、少し変化したことです。**たとえば、メッセンジャーの返信が以前より少し速くなった、処理件数が少し上がったなど、がんばっていることに少しでも変化が出てきて、それを上司が認めてくれれば、もっとがんばろうと行動が強化されます。

次に、ほめるとは、期待通り、もしくはそれを超える優れた言動や結果について良く言及することです。たとえば目標を超過達成するなど、誰が見てもすごいというケースです。

一般的に、期待を超えたものはほめやすいと思いますが、**気をつけるべきは、ほめなかったときのリスクです。**つまり期待以上のことをしていてほめられなければ、「努力の方向性が間違っていたかな」と不安や迷いが生じます。ですから、ほめる意識以上にほめなかった場合のリスクを考えて、忘れずに言葉にすることです。そうしてほめられた部下は、「自分は必要な行動をうまく遂行できる」という自己効力感を持てるでしょう。

# 認め上手は「見つける力」、ほめ上手は「表現する力」を養う

それでは、これら認めることとほめることを、うまくコミュニケーションに取り入れるためのポイントについて、見ていきたいと思います。まず、**認め上手になるためのポイントは、「見つける力」を養うことです。なぜなら、着目する対象が、ごく些細なことや少しの変化だから**です。

具体的な鍛錬方法としては、認める用のメモを取ることをおすすめしています。たとえば、会議の場面では「会議が始まる前に、参加者のイスの数が足りなかったので率先してほかから持ってきてくれた」「周りに同調するのではなく、自分だけの意見を言っていた」などとメモを取ります。こうして記録メモを書く習慣をつけることで、少しの変化に気づく力を養えるのです。これを「イス、助かったよ」「あの発言いいね」と伝えられた部下は、「そんなところまで見ていてくれたんだ。もっと意識してやっていこう」と思い、その言動が強化されていきます。

4-1 「認める」と「ほめる」の比較

| | 認める | ほめる |
|---|---|---|
| 着眼点 | ちょっとした変化 | 優れたこと すごいこと |
| 重要な能力 | 見つける力 | 表現する力 |
| 鍛錬方法 | 変化を記録する | Iメッセージ |
| 部下の気持ち | 安心感 成長実感 | 自己効力感 |

これは非常に価値のあることなのですが、実際には、上司は部下のできていることよりもできていない問題に焦点を当て、そこをアドバイスしたり解決していくことだけにマネジメントの価値を感じてしまいがちです。たとえば、先週の進捗が50%で、今週が70%だとしたら、未達の30%に意識が向きます。現場ではそれでいいのですが、対話時には進捗した20%についてまず触れたり、70%まで全体が進捗した成長を伝えたりすることで、部下もさらにやる気になって、期待されている進捗を伸ばしていこうと思うのです。そのうえで、未達部分について話していくようにしましょう。

一方、ほめる場合は、もともとすごい結果やプロセスを残しているので、見つけることは容易です。ですから、**ほめ上手になるポイントはその結果やプロセスを「表現する力」にあります**。なぜなら、認める場合は「見つけてもらえた」こと自体に価値があり、上司の実際の言葉としては「いいね」「順調だね」などシンプルな言葉でも、十分にそれが伝わりました。

しかし、ほめる場合は少し工夫が必要です。どうすごいのかを表現する必要があるからです。そのためには、そのすごいことがもたらした影響を表現するといいでしょう。とくに効果的なのは、Ｉメッセージと呼ばれ、自分の「気持ち」や「影響」を、自分を主語にして相手に伝える方法です。これは、**相手が行ったことが、私にどういう影響を与えたかを説明することで、相手に自己効力感を与えます**。つまり、相手は「私は上司に影響を与えることができるほどの存在なんだ」と受け取り、自己効力感が増して、行動がさらに強化されていくのです。

ＹＯＵ**メッセージ（主語が相手）**

「鈴木さんは、いつも一生懸命接客しててすごいね！」

**Ｉメッセージ（主語が私＋気持ち・影響）**

「私は、鈴木さんのいつも一生懸命な接客に感動して考え方変わったんだよね」

そのほかにも、ポジティブ・フィードバック全般のポイントとして、5つあります。

## 1 具体的に伝える

説得力が増して、相手が受け取りやすくなります。具体性がないと聞いた相手はおべっかを使われているのではないかと不安になる場合もあります。

## 2 心から伝える

やり方や型に依存して自分の言葉で伝えられていないと、気持ちがこもらず、相手を動かすメッセージになりづらくなってしまいます。

## 3 結果ではなくプロセスに注目する

結果は誰もが知るところですので、上司だからわかる身近で部下が試行錯誤していた仕事の工夫など、そのプロセスに着目します。

## 4 変化に着目する

過去の本人と比べての変化に着目します。本人自身も気づかなかったような以前との違いや成長について伝えることで、さらに成長への意欲が高まります。

## 5 メールや手紙も効果的に使う

書いて渡してあげることで、後からも見返すことができて、ほめられたことを何度も思い出すことができます。ここぞという場面では、手書きのメッセージも、上司と部下の深い関係づくりを後押しするでしょう。

このように、まずは部下の普段の様子から、良い行動を見つけ出します。そこから「認める」「ほめる」というポジティブ・フィードバックを行い、部下のパフォーマンスを強化していきましょう。

## チェンジ・フィードバック――「指摘」で終わるのではなく、「指摘」から始まる

次にチェンジ・フィードバックを見ていきます。上司がチェンジ・フィードバックをする目的は、先述の通り、期待とずれた部下の行動を修正していくことです。ポジティブ・フィードバックは、伝えさえすればよかったですが、**チェンジ・フィードバックの場合は、指摘で終わるのではなく、指摘から対話が始まり、確認、修正へとつながるすり合わせのプロセス全体までを含みます。**その対話を通じて、指摘した行動の奥にある思い込みや思

考パターンをすり合わせていくのです。つまり、指摘はチェンジ・フィードバックの入口です。

なお、このチェンジ・フィードバックと同じような意味合いで、「ネガティブ・フィードバック」という言葉を使う人もいます。ただ、ときに「ネガティブ」という言葉が「部下にとって耳の痛い、嫌なこと」という認識を生み、「どのように（厳しく、または傷つけずに）言うか？」という「言い方」や「伝え方」に焦点が当てられることがあります。しかし、どういう言い方をしたとしても、一方的に伝えられるだけでは、受け手は「怒られた」「叱られた」「詰められた」「説教された」という印象しか残りません。**これらは、伝え手から受け手への一方向のベクトル・コミュニケーションです。**

一方、第4章冒頭でも述べた通り、チェンジ・フィードバックは「しゃべってもらうスキル」とセットで成立するものです。上司がフィードバックしたことに、部下が応えてしゃべってくれるからこそ、一方通行で終わらず、双方向の対話が成り立ちます。つまり、**ベクトル（一方向）ではなくループ（円環的）のコミュニケーションを意識することにより、認識のずれが修正されやすくなるのです。**

おそらく多くの上司が、部下の行動に問題を感じる場合、「嫌われてもいいから厳しいことを言わなければならない」といった責任感のような重い感覚を持っているのだと思い

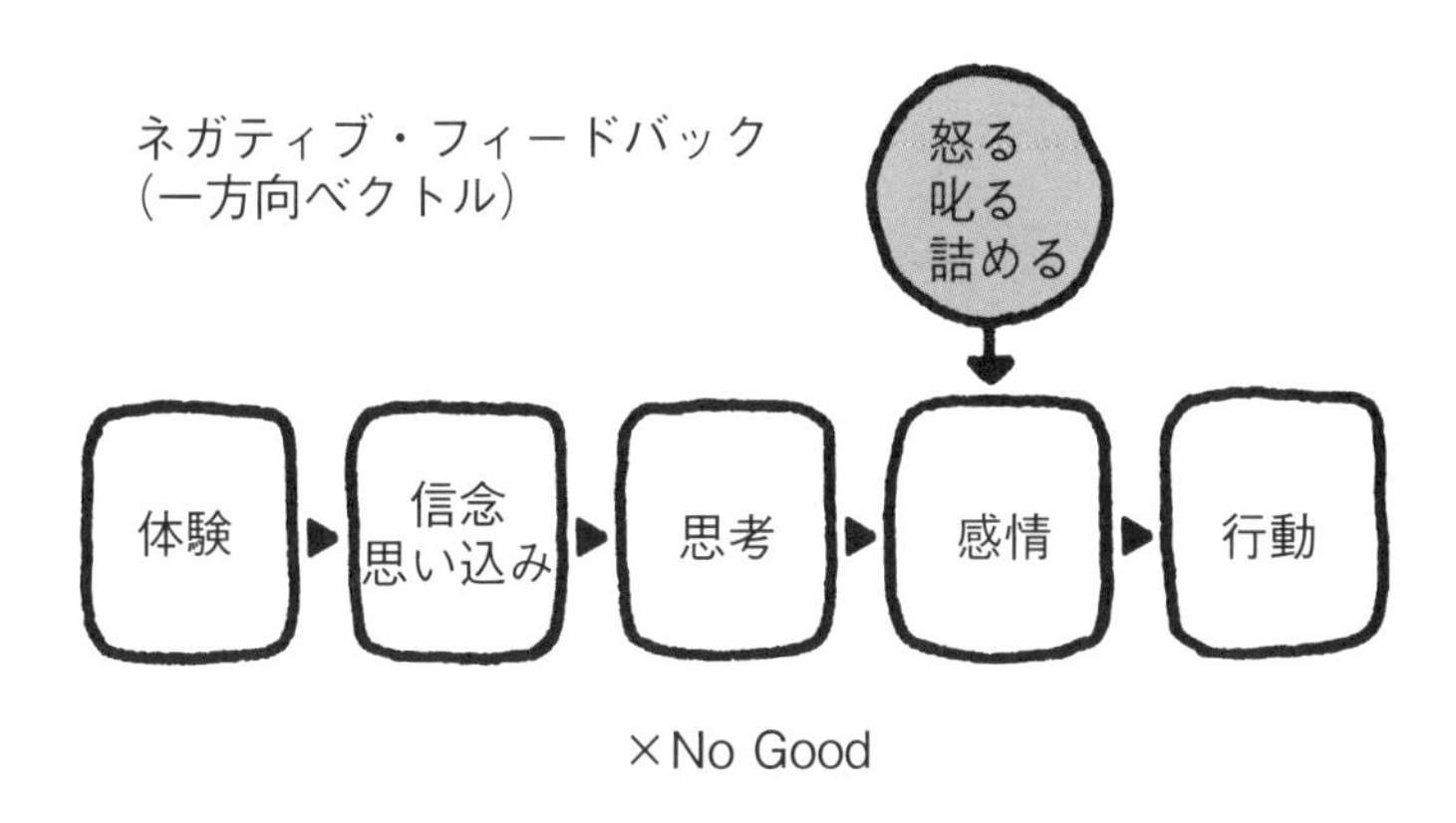
ネガティブ・フィードバック
(一方向ベクトル)
怒る
叱る
詰める
体験
信念
思い込み
思考
感情
行動
×No Good

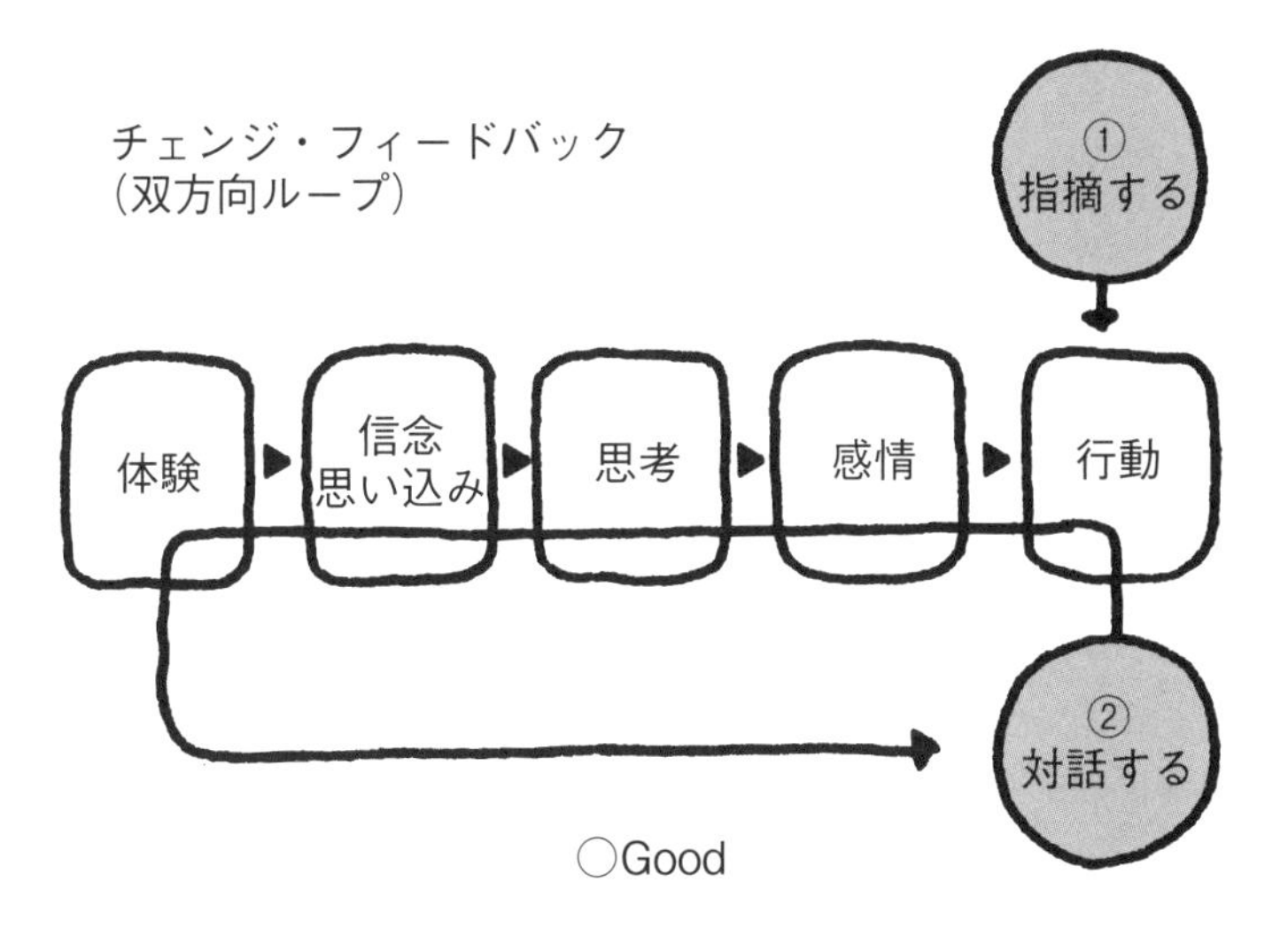
チェンジ・フィードバック
(双方向ループ)
①
指摘する
体験
信念
思い込み
思考
感情
行動
②
対話する
○Good

ます。そして、その重い感覚によって怒ったり叱ったりして部下の感情に訴えかけて、部下が落ち込んでいれば機能したと感じ、平気な顔をしていれば伝わっていないと判断するのです。

しかし私は、機能するフィードバックとは、怒りや正論を一方的に伝えて相手の感情に訴えることではなく、**部下の行動について客観的な視点でまず指摘をすること、そして部下に「なぜ自分はこの行動をしたのだろうか？」と自分の思考や思い込みについて、考えてもらうプロセスだと思っています。**これにより、自発性を持った行動修正が行われていくのです。

## チェンジ・フィードバック 4つのステップ

チェンジ・フィードバックには、大きく分けて4つのステップがあります。それぞれのステップですり合わせるべき認識があり、対話によってその認識がすり合ったら、次のステップに進んでいきます。

①事実のすり合わせ
・指摘する
・反応を観察する
・相手の事実を確認する

②意味のすり合わせ
・現状認識の確認
・関係者の意味を確認する

③期待のすり合わせ
・期待を伝える
・伝えた内容と気持ちを確認する

④行動のすり合わせ
・具体的行動イメージ
・支援できることを探す

ここでは、各段階において何を行うかを詳しく紹介していきます。

## ステップ1――事実のすり合わせ

### ①指摘する

まず、行動修正を求めたい事柄について、具体的事実をもとに指摘していきます。人間は事実について自分固有のフィルターを通して解釈をしています。その解釈をそのまま伝えると、認識にずれが生じやすく、うまくすり合いません。そのため、何の事実に基づいてそう思ったかを明確にして伝え、同じ事実を2人ですり合わせることが大前提として大切です。**相手にその事実を身構えずに受け取ってもらうために、具体的事実とともに、「Iメッセージ」を活用して伝えます。**そうすることで相手は受け入れやすくなります。

**具体的事実のみ**

「○○さん、先日決めたことやってないよね」

**具体的事実＋Ｉメッセージ**

「○○さん、先日決めたことやってないので、（私は）ちょっと心配になったんだよね」

**②反応を観察する**

次に上司は、指摘した後の部下の反応をよく観察します。指摘する側に責める意図がないとしても、指摘を受ける側はやはり身構えてしまうものです。反応を観察するうえで重要なのは、**部下のネガティブな反応を想定しておくということ**です。そうしないと、たとえば部下が感情的に反論してきたときに、上司もついそれを受けて感情的に反応してしまうことがあります。すると、その後の部下の話が聞けなくなり、対話が成り立ちません。ですから、事前にネガティブな反応を想定し、**反論があっても、心の中で「そう思う気持ちはわかる」と共感しながら、当然のこととして受け止めます。それが、部下の話をじっくりと聞ける土台となる「あり方」をつくっていきます。**

**③相手の事実を確認する**

自分が投げかけた後に、相手が認識している事実を確認してすり合わせを行っていきます。この前提がそろわなければ前に進めません。ここでは、新人Dさんの育成サポートを任された部下Aさんの対話例を見ていきます。

対話例1

**上　司**「頼んでいたDさんの育成サポートだけど、定期的なミーティングはしてないみたいだから気になっちゃって」──**（具体的事実＋Iメッセージ）**

**部下A**「してますよ。基本は週1回やってます。逆になぜしていないと思ったんですか？」

**上　司**「そうなんだ、してるんだね。Dさんと話したときに、最近あまり話せていないって言ってたからさ」

**部下A**「あぁ、たしかに今月はお互いの予定が合わなくて、2週くらいリスケが続いてしまっています」──**（部下Aの事実）**

**上　司**「なるほど。定期的なミーティングは設けているけれど、今月はあまり話せていないというのが現状なんだね」──**↓部下Aとの事実のすり合わせ完了**

## ステップ2　意味のすり合わせ

ここまでで事実のすり合わせができたら、次は意味のすり合わせの段階に進みます。意味とはお互いに合意した事実に対する認識（良い悪いなど）のことで、お互いにとっての意味だけではなく、会社にとっての意味や、周囲の人にとっての意味なども含めます。

**④現状認識の確認**

すり合わせた事実に対して、「相手がどう思っているのか？」「どう考えているのか？」を聞いていきます。つまり事実に対して、お互いが持つ意味や解釈についてすり合わせを行うのです。このときの**ポイントは、相手の話を何であれ、いったん受け入れることです。話を共感してもらえないと、相手は次のステップに進めません。**

対話例2 ※対話例1の続き

**上　司**「この状況は、Aさんとしては〇Kという認識？　想定通りなのかな？」**（認識を確認）**

**部下A**「想定はしていませんでしたが、正直、仕方ないと思います。私も忙しいですし……」

**上　司**「たしかに、それぞれ忙しいし多少間が空くくらい仕方ないってところかな」**（いったん話を受け止める）**

このとき、上司は心の中で、最近あまり話せていないと言っていたDさんに合わせてミーティングを実施してほしいと思っています。このように事実に対するお互いの意味や認識が違うときは、さらに対話を重ねていく必要があります。

**⑤関係者の意味を確認する**

指摘した事実に対して、影響を受ける関係者の意味を確認することで、全体最適の解を模索していきます。ここでいう**関係者とは、基本的には「会社（組織）」「自分」「相手」「その他の関係者」**です。

対話例3　※対話例2の続き

**上　司**「じゃあ、**Dさんの立場に立ったときに、**育成担当とあまり話せていないこの1ヵ月ってどう考えると思う？」**（部下の立場に立たせる）**

部下A「そうですね。もう少し頻度があった方がいいとは思ってるかもしれませんね」

上　司「ふーん。どんなところからそう思うの？」（具体化質問）

部下A「うーん、まぁ、話したいことはいろいろあるんだと思いますよ。仕事上のこととか、いろいろ不安もあるかもしれないし……」

上　司「なるほど。Dさんの立場に立つと話す時間がほしいだろうとは思ってくれているんだね」（整理の返し）

部下A「そうですね」

上　司「いいね。改めて、定期ミーティングの場って、AさんとDさんにとってどんな意味があると思う？」

部下A「お互いにとっての成長の場だと思います」

上　司「なるほど」→意味のすり合わせ完了

## ステップ3――期待のすり合わせ

ここまでで意味のすり合わせができたら、次は期待のすり合わせの段階に進みます。期待とはお互いの目指すものです。ここでは、上司と部下お互いにとっての期待だけではなく、必要に応じて組織にとっての期待もすり合わせます。

### ⑥期待を伝える

意味のすり合わせによって部下の考えを理解できたら、それを踏まえたうえで期待をすり合わせます。**従わせるスタンスではなく、期待をまずは意見として伝えてどう思うか確認をしながら、すり合わせていきます。**

対話例4　※対話例3の続き

**上　司**「これは僕の意見なんだけど、Dさんと話してて思ったのは、ひとりで仕事を進めている状況に少し不安を感じているみたいなんだよね。そんな風に見えたかな？」

**部下A**「まぁ、少しは。さっきのお話にもあったように、彼は求めているんだろうな、とは思いました」

**上　司**「そうなんだよね。でも自分では、なかなか声をかけるタイミングが難しいみたいなんだよね」

部下A「まぁ、たしかにそんな感じですね」

上　司「そう、だからやっぱりそこは、お互いの成長のためにも多少日にちがずれたとしても週に1回はミーティングを行ってほしいんだよね。それについてはどうかな？」

部下A「はい、その頻度は保てるように注意していきます」

**（上司の期待を伝える）**

### ⑦伝えた内容と気持ちを確認する

伝えた期待について改めて**「自分の意図通りに理解してくれているか？」「気持ちに引っかかるところがなく、納得感を持っているか？」を確認します。**この条件が満たされていなければ行動修正につながりません。

対話例5　※対話例4の続き

上　司「いいね。では、改めてだけど、Dさんとの週1回の定期ミーティングを行っていくうえで、何か問題になることとか気持ち的に引っかかることはない？」

部下A「大丈夫です」

**上　司**「継続できそうかな？」

**部下Ａ**「うーん、例外はあるかもしれませんが、意識してやっていきます」

**（気持ちの確認）**

**上　司**「ＯＫ、ありがとう」

**↓期待のすり合わせ完了**

## ステップ４　行動のすり合わせ

新たな行動が実際に行われるように、イメージづけや上司ができるサポートを確認していきます。

**⑧具体的行動イメージ**

最終的に、具体的なアクションプランをイメージできていないと、実行確率が下がります。しかし**気をつけなければならないのは、アクションプラン作成に強制感を覚えると、部下は詰められている感覚に陥ります。あくまでサポートしているスタンスで臨むことがポイント**です。

対話例6　※対話例5の続き

**上　司**「じゃあ最後に、具体的にどうしていくかイメージ共有したいんだけど、ミーティングの日時っていつ頃とか決めているのかな？」

**部下A**「そうですね。月曜の17時半がいいと思います。今までもその時間が多かったので」

**（詰めっぽくならないように、言い方に配慮）**

**上　司**「いいね。あと、もし今までみたいにできなかった場合はどうしようか？」

**部下A**「そうですね。その週のうちに必ず補填を行うことにします」

**上　司**「いいね、そのルール。あと、もしどうしても忙しそうだったら、候補日を2つつくっておくというのもありかもね」

**部下A**「それ、いいかもしれませんね。一応、火曜の17時もセットで押さえるようにしておきます」

**↓行動のすり合わせ完了**

**⑨支援できることを探す**

最後は、上司ができる支援の仕方を模索します。部下からのリクエストを求める、上司自身が考えつく支援を伝えるなどして確認します。

対話例7　※対話例6の続き

**上　司**「実施していくうえで、何か私にできることはあるかな？」**（支援の申し出をする）**

**部下A**「大丈夫だと思います。でも、何が起こるかわからないので、また次回のタイミングで報告しますので相談に乗ってください」

**上　司**「OK、わかった」

このように、チェンジ・フィードバックとは、「伝えること」単体ではなく、指摘から始まる対話の一連の流れを指します。

# 部下を支援するという「あり方」が土台

紹介してきた具体的な「やり方（ステップ）」を覚えることも大事ですが、これを効果的にしてくれるのは何よりも「あり方」です。

チェンジ・フィードバックのステップは「支援できることを探す」で終わっています。つまり、上司は部下の支援者であるということです。これは、非常に大切な考え方です。部下が**自分の考えを変えて新たな行動にチャレンジするときに必要なのは、変化することを応援してくれる支援者の存在です。**

しかし、たいてい私たちは、ミスを（何度も）した相手、言ったことをやってくれない相手に対して厳しい見方をしてしまいます。「気がたるんでいるんじゃないか」「仕事を一生懸命やっていないんじゃないか」……そんな考えが脳裏をよぎります。

そうすると、相手をダメな人と見なし、上司である自分はそれを正すべき立場と位置づけてしまいます。このスタンスから発せられる言葉はすべて、いくら表現を変えたとしても、相手にとっては責められていると受け取られてしまいます。そして、部下は、上司は自分を変えようとする敵と捉え、身構えて自分を守ろうとするため変化は起こりません。

ですから、部下の行動修正を起こしたければ、前提として「部下の一番の支援者であり味方だ」と思ってもらわなければなりません。そうなるために**上司に必要なものは「すべての行動には肯定的な意図がある」という見方**です。

つまり、ミスをしたという否定的な行動の裏にも、部下にとっては肯定的な意図があったと考えるのです。ミスをしようと思ってしたのではなく、良かれと思って、そのときできる最善を尽くした結果ミスになった、と見立てるのです。そうすると、相手に対して責める気持ちは芽生えず、否定的な行動も受け入れられて、支援する気持ちが湧いてきます。このような「あり方」でいることが、最も重要なのです。

このように、責める気持ちのある状態では、どんなスキルを駆使して相手にフィードバックしても、心を開いてくれることはありません。ですから、チェンジ・フィードバックの対話を始めるときには、部下の発言の裏には肯定的な意図があるという見方を持ち、そのうえで、前述の４つのステップを進めていきましょう。

# 第5章

# 「何を（What）」「どう（How）」すり合わせるか

——業務レベル

さて、第5章~第7章にかけては、「すり合わせ9ボックス」の各ボックスについて対話を進めるうえで、大切にすべき考え方やポイントを、各レベルごとに紹介していきます。

まずは、業務レベルの対話について見ていきましょう。

## 1on1だからこそできる「業務」の話をしよう

1on1ミーティングを実施されている方からよくある相談の1つに、「結局、業務の話に終始してしまうんですが、どうしたらいいでしょうか?」というものがあります。日常業務と切り離された1on1の時間を、できる限り有意義に使いたいという思いから来る悩みだと思うのですが、これに対して私は「業務について話すことはまったく問題ありません」とお答えしています。上司と部下における一番の共通の話題は業務ですので、それをテーマにするのはとても自然なことですし、部下も急にプライベートな話題に触れられるよりも抵抗が少ないでしょう。

ただし、本書の冒頭でも触れたように、1on1はそれが「部下のための時間である」ことに意義があります。業務の話といえども、具体的な指示や進捗確認などは、どうしても上司自身がマネジメント上の不安を解消したいがための時間になってしまいがちで、部下が本当に求めるコミュニケーションではなくなってしまうケースが多いでしょう。

「すり合わせ9ボックス」の業務レベルに配置された3項目は、部下の視点に寄り添った形で「業務」を見つめ、対話を始める切り口として、過去の成功例から抽出されたものです。それぞれ部下の成果に焦点を当てながらすり合わせを行い、日常の行動に結びつけていきましょう。

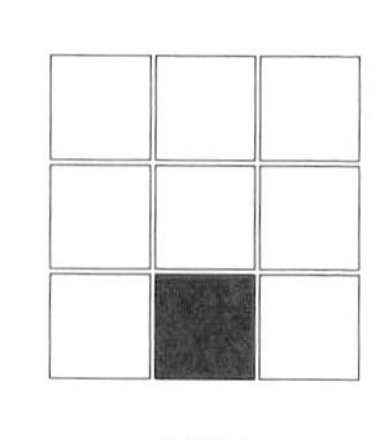

# 業務不安ボックス

## 言葉にできない不安を探り当てる

「業務不安」ボックスでは、現時点で部下が業務を通じて抱えている不安や、問題として表出していることの真因が何であるかなど、**まだ顕在化されていない業務に関することに焦点を当てて話し合います。**

これは氷山に例えられます（図5-1）。現場では、海面に浮かぶように、目に見えて業務に支障が出ている、確認が必要など顕在化したニーズを、その場で話して解決しています。

しかし、問題が表れる原因はまだ隠れたところに潜んでいます。ですからここでは、**部下**

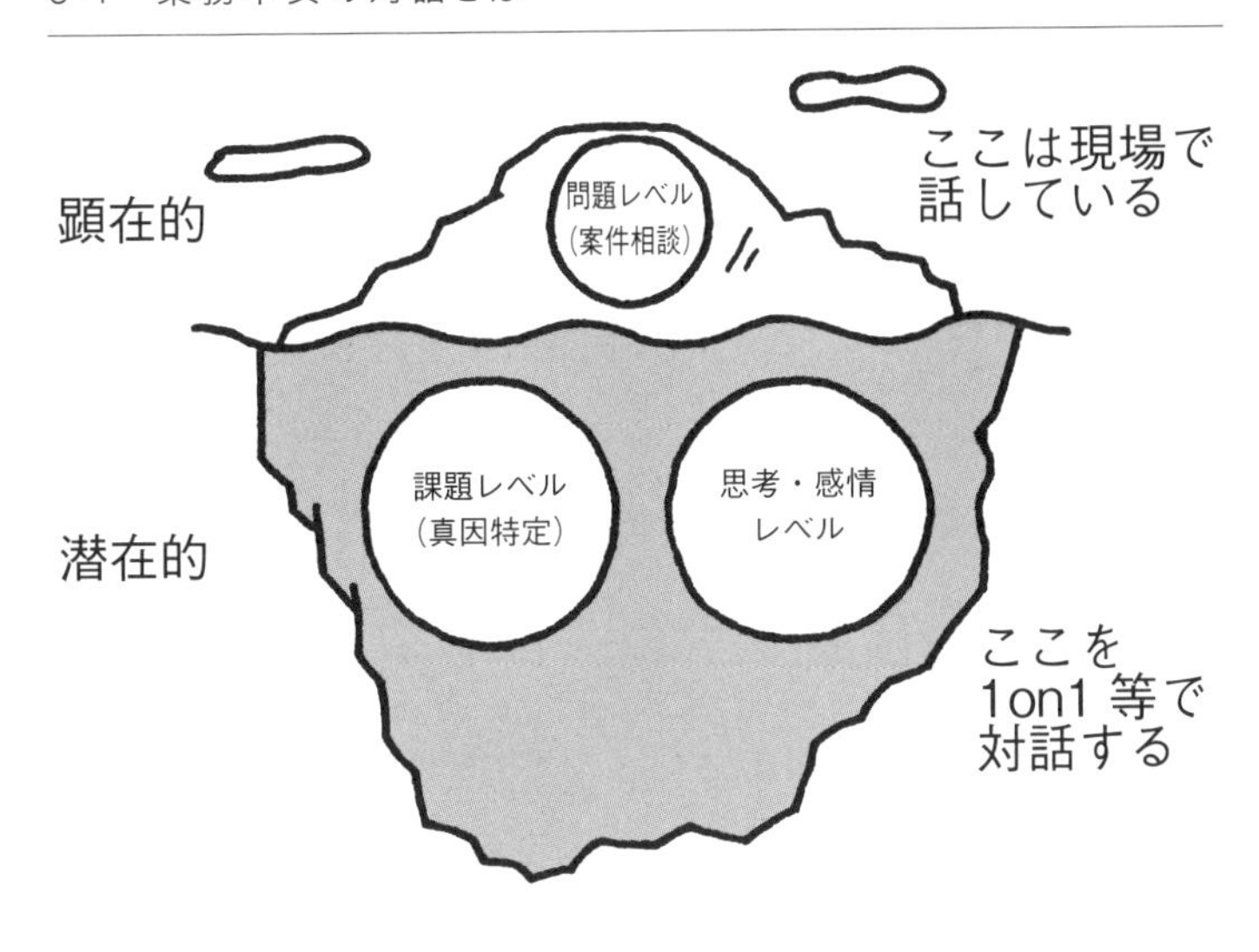


**が問題事象やある事柄に対して「どのような考えや感情を持っているのか？」を丁寧に確認したり、問題が起こっている背景や、必要な課題を部下とすり合わせるなど、さらに一歩踏み込んだ対話を行います。**これにより、業務上のリスク回避やさらなるパフォーマンス向上を狙います。

以前、私の研修に参加した方からこんな話を聞きました。その方は某金融機関で部長職を務める方なのですが、彼の部署のメンバーの1人に、データを収集して資料を作成することにとても卓越した能力を発揮する若手社員がいたそうです。その部長は、ご自身が顧客に提案する資料の一部を彼に作成してもらい、その仕事をお願いした当初は、スピードもクオリティも申し分なく、自分なりの観点を持って取り組んでくれていました。ですが段々と、お願いした期日に間に合わないことが増えたり、部長に対してより具体的な指示を要求したりするようになったそうです。「やる気をなくしてしまったのかな？」と残念に感じていた部長でしたが、ある日の対話で、話を掘り下げて聞いてみると、次のような答えが返ってきたそうです。

「正直、つくった資料が本当に役に立っているのかが不安なんです。部長の方でかなり手直しをされている空気を感じていて、もっと役に立つものをつくらなきゃと思ったら、前より慎重になってしまいました」

これは部長としては予想しなかった言葉であり、自身の仕事の渡し方を深く反省したそうです。それ以来、彼の仕事のどこが素晴らしく、どのように役に立ったのかというフィードバックを必ず伝えていると話されていました。

「遅れないでほしい」「間違えないでほしい」「ちゃんとやってほしい」……上司としては率直に部下に求めたいことですが、このような指摘は、いずれも部下の表面的な行動にしか目が向いていません。**言い方を換えると、上司の関心が部下にではなく、業務がうまく進むことにしか向いていないのです。**しかし実際、部下が同じ行動を繰り返す場合、その背後には、何らかの思考パターンや心理的な傾向が隠れており、そこに本人と上司が気づき、お互いに共有し合わなければ、根本的な解決には至りません。

また、問題としては表出していないが、心の中では深いネガティブ感情を抱えているというケースも多くあります。この状態が続くと、本人の潜在能力が十分に発揮されないばかりか、ふとしたきっかけで転職してしまうなど、人的損失のリスクにつながります。

このケースの難しいところは、本人がその感情を自覚していない場合があるということです。そもそも自分の内面を言語化するのは案外難しいものですし、長い社会人生活を過ごす中で、自分で自分の心の動きを無視する癖がついてしまった人も少なくないでしょう。けれども、**その人本来のパフォーマンスを余すことなく発揮するためには、まずその人自身が自分の抱える感情に気づき、言葉で説明できることが必要です。**

そして、その支援ができるのは、まず上司でしょう。考えてみてください。あなたの部下は、彼らが持つ潜在能力のうち何パーセントくらいを発揮できているでしょうか。

# 「業務不安」をすり合わせるポイント

それでは部下が抱える業務上の不安を解消し、パフォーマンス向上に結びつけるために、上司としてどのような支援ができるでしょうか。以下にそのポイントを整理します。

## 1 非言語コミュニケーションに気を配る

感情面、心理面の動きは、口にしてみて初めて気づくことも多いです。しかし、部下の立場からすれば、曖昧な気持ちを口に出すことは、ただの不平不満や愚痴として受け取られるリスクがあったりと、生産的ではないと考える人も多いでしょう。

「業務不安」を引き出す前提として、**部下が、言葉ではなく、非言語として発するシグナルを見落とさないことが重要です。**対話の中だけでなく、日常の中でも、気がついたことは記憶に留めておき、折に触れて、**「あのとき、ちょっと表情が暗いように感じたけれ**

ど?」と話のきっかけにしてみるのも効果的です。

**チェックする非言語コミュニケーションのポイント**

□いつもと違う表情を見せた（明るくなった・暗くなった）
□いつもと声のトーン・熱量が変化した（上がった・下がった）
□いつもと反応の時間が違った（即答した・不自然な間があった）
□いつもと身なりの様子が違う（整っている・乱れている）
□いつもと身の回りの様子が違う（整理されている・散らかっている）

## 2 期待を伝える

前の項目でも触れたように、日常の中では、漠然とした感情についてなかなか口にしづらいものであり、むしろネガティブな内面ばかり吐露するメンバーは、チームであまり快く思われないこともあるでしょう。

しかし1on1においては、このような発言こそ歓迎すべきです。1on1は部下のための時間であり、**そのような発言にこそ、部下の背景に近づくヒントが隠れているからです。**

**「うまく言葉にできなくても、話してくれて大丈夫だよ」**という姿勢を伝え、信頼を得られるよう働きかけましょう。

**期待を伝えるトーク例**

「率直に感じていることとか、ざっくばらんに話せる時間にしたいと思ってるよ」

「ロジカルじゃないことも言っていい時間にしよう」

「生産性ゼロでOKだからさ、そのとき話したいことを話していこう」

**「同じことを感じる人がほかにもいるかもしれないから、気になることは教えてくれると助かるよ」**

## 3 質問して引き出す

「困っていることはある?」「モヤモヤしていることはある?」と気持ちを込めて聞くことができれば、少なくとも「上司は自分を気にかけてくれているんだな」ということは部下に伝わるでしょう。

しかしこういった質問は、人によっては漠然としすぎていて、「大丈夫です」と表面的に返事をしてしまうことがあります。もう少し答えやすい質問の工夫をしてあげることで、素直な気持ちを引き出せることがあります。次のような観点を参考にしてみてください。

**期待値とセットの質問**

質問の中に期待値をふくめることで、その基準とのギャップについて答えたり、考えたりするきっかけをつくることができます。

「何も気にせず気持ちよく仕事に集中できている状態を100点とすると、今は何点くらい?」

**「このミーティングの後は、全力疾走できそう?」**

「今の気持ちの状態を天気で表現すると? どうしたら快晴になりそう?」

**当てにいく質問**

「自分だったらこんな不安を持つだろう」「あのときの表情からすると、彼はこんな不安を持っているのではないか」という仮説を元に、ピンポイントで聞いてみます。

**「○○の案件はお客様がうるさくて、大変そうだよね?」**

「そういう状況だと、○○とか気にならない?」

「私だったら、○○な気持ちになっちゃうな。大丈夫そう?」

**「あのとき、少し表情が暗かったような気がするけど、何かあった？」**

### プラスワンの質問

非言語の要素から、「何かありそうだ」と感じた際は、「あえて挙げるなら」や「強いて言うと」など前置きのある質問をすると、心理的に答えやすくなります。

**「あえて懸念点を挙げるならどんなものがあるかな？」**

**「強いて言うなら一番重そうな案件は？」**

「もし仮に1つリスクだと思うことがあるとすれば？」

「仕事を進めるうえで、今は大丈夫だけど、こんなことが起こりそうだとか、起きたら嫌だと思うことはある？」

## 4　曖昧さをなくす

質問をすると前向きな答えばかり返ってくるのに、相変わらず表情が暗かったり、エネルギーが低いと感じる場合、**業務プロセスの中に、曖昧な部分が隠れている場合があります。**次に挙げるポイントを参考にやるべきことが明確になっているか、確認しましょう。

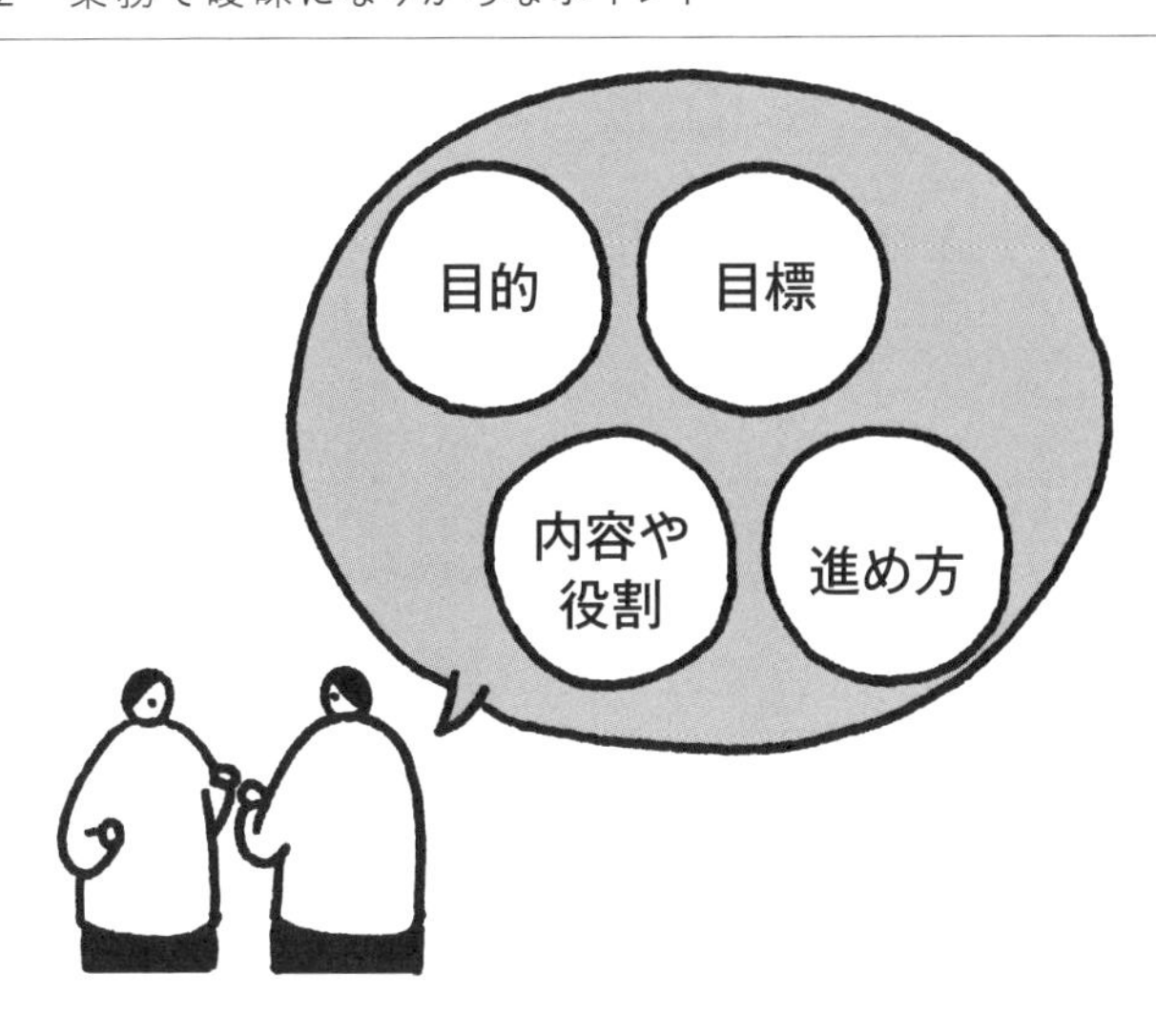


**業務の目的**

　若手の場合、**言葉としてはわかっていても、イメージとしてつかめていないことがあります。**また、上司の説明がわかりづらく、本当はわかっていないのに「わかりました」と諦めてしまうこともあります。次のような質問で、目的の理解度についてすり合わせることができます。

「自分の言葉で説明するとどんな感じ？」

**「結局、この仕事を通じて何につながれば嬉しい？」**

「誰が、何て言ってくれたら、この仕事は上手くいったことになるかな？」

**業務の目標**

数値化された目標はすでに共有されていると思います。しかし、その値が導き出された背景や、目標に到達するまでのプロセスに納得感が乏しく、隠れ不満、隠れ不安としてくすぶっている可能性があります。定量的ではない目標の場合、どのくらい具体的に目標をイメージできているかも、認識のずれが生まれやすい点でしょう。

**「そもそもなんでこの目標数値なのかは伝えていたっけ？」**

**「感覚値でいいんだけど、達成できるイメージは湧いてる？」**

「目標にある『信頼関係構築（その他抽象的なワード）』って、具体的にどんな状態を想定してる？」

**業務の内容や役割**

丁寧に伝えたつもりであっても、部下の中でやるべきことのイメージが湧き切れていないということもあります。とくに新入社員に指導する際は注意が必要です。作業工程を伝えるだけではなく、本人が「きっと上手くいく」という成功イメージを持てるところまで事前にすり合わせましょう。役割を渡すときについても同様ですが、**とくに形骸化していたり慣習となっている役割の場合、そもそもこの役割に期待されることは何か、上司の口から改めて伝え、「やりたい」という気持ちを高める必要があります。**

**「この仕事を進める手順を自分の言葉で説明してもらってもいい？」**

「最後までできるイメージは湧いているかな？　どの辺りが心配？」

「ちなみに、この役割の必要性って感じてる？　進めるうえで大切にしてほしいことって伝えてたっけ？」

### 業務の進め方

仕事そのものは十分理解しているものの、進めるうえでの他業務とのスケジュール上の兼ね合いや関係者との人間関係、自分自身の計画性や実行力など、進めるプロセスについて不安を抱えている人は多いでしょう。どのような不安を持ちやすいのか、部下ごとの傾向を知ることは人材マネジメントを行ううえでの必須項目ともいえます。

「誰に声をかけて進めるか見当はついてる？　必要なら根回しするよ？」

**「他の業務との兼ね合いは大丈夫？」**

「進捗確認のタイミングとか、どんな風に私がかかわると進めやすいかな？」

以上、業務不安をすり合わせるポイントについて説明をしてきました。

このような観点で部下たちを見ていくと、不安が見えやすい人と不安が見えにくい人がいることに気づくはずです。経験則からお伝えすれば、**不安が見えにくい人ほど、気がついたときには自社や自業務から大きく心が離れてしまい修復不能となっていたり、何の前触れもなく退職願を提出したりと、後から取り返しのつかないケースにつながることが多いです。**紹介したポイントも参考にしていただき、ぜひ1人ひとりが感じている不安に耳を傾けていただければと思います。

## 「不安」の真因を特定する

さて次に、不安に「気づく」というところから発展し、その不安の真因にアプローチする対話について考えていきます。

上司の役割として、部下が直面する問題や不安に対して、その場で火消しのような対処を求められることがあります。一方で、今後継続的に高いパフォーマンスを発揮してもらうことを考えるのであれば、そのような**不安が生まれる思考パターンを部下自身が自覚し、自ら対処したり、コントロールできるように導いてあげるのも上司の役割**です。

具体的なスキルについては、すでに第3章、第4章ですり合わせの技術としてお伝えした通りですので、ここでは過去に私が経験した例を紹介し、不安の真因を特定し、解消するというプロセスがどのようなものか理解していただければと思います。

とあるクライアント先で、複数の若手社員と定期的に1on1を実施させていただく機会がありました。その中に、とりわけ優秀な若手社員Aさんがいました。彼の能力の高さは上司も認めていたのですが、彼には1つだけ課題がありました。それは仕事を抱え込み過ぎてしまうということです。「もう無理だ」と限界に達するまで声を挙げないため、過去には上司が半ばつきっきりでタスク管理をしたこともありました。しかし、これではせっかくの彼の優秀さが活かされないと考えた上司は、現在は、なるべく業務のコントロールを彼に任せ、ギリギリまで手を出さないようにしているとのことでした。

1on1を始めた当初、ハキハキとして、話の論理性も明確、かつ人当たりも良く、先輩からすれば彼に仕事をお願いしやすいことは容易に想像できました。一方、**踏み込んで聞いてみると、たしかにタスクコントロールについては、過去の失敗経験から不安を抱えてしまっているようでした。**私はさまざまな仮説を立てました。プライドが高く、完璧主義で、1つひとつの仕事に時間をかけ過ぎなのか、それとも、真面目さゆえに、先輩の頼みを断れないところがあるのか。私は少し長期的に彼を観察していくことにしました。

ある日の1 on 1で、彼のタスク状況が、顧客や社内の先輩などから頼まれた仕事で満杯になっていて、相当苦しい状態に達していることがわかりました。そこで私は、彼が抱える仕事のうち、最後に引き受けたという仕事を指し、「なぜこの状況で、この仕事を引き受けたの?」と聞いてみました。すると、彼は、これまでの冷静な口ぶりとは違う、高ぶった口調で即答しました。

「私の他にやれる人は誰もいないんです。先輩たちも皆、忙しいから私に仕事を頼むんですよ」

私は、ここが彼の本音だと察知し、掘り下げてみることにしました。

**「それは本当?」（具体化質問――定義）**

「……だって、私が業務をいっぱい抱えていることは、皆、知っているはずです。毎晩、終電まで会社にいるんです。上司の○○さんだって、それはご存知のはずです」

彼が言うには、そんな自分にお願いするということは、他の人も同じような状況で、仕方なく私に回ってきた仕事であり、若手である自分はそれを断ることはできない、ということでした。私は、その場は彼の言うことを受け止めました。後日、上司の方にそれを共有し、他の先輩にもそれとなく話を聞くと、「Aくんはいつも快く仕事を引き受けてくれる。そんなに仕事が忙しい状態だとは知らなかった」ということでした。実際のところ、Aさんよりも、年少のメンバーは何人もおり、彼らの中には手の空いている人も少なからずいたようです。

Aさんが学ぶ必要があったのは、人は他人の業務状況にそこまで関心を持って理解しているわけではない、ということでした。だからこそ、皆、自分の状況を察してくれているだろう、ではなく、自分の業務状況をきちんと言葉で表現する必要があります。その観点がAさんには不足していたのです。

その後、上司を交えた対話の中で、どのようにしたら業務を適切にコントロールできるのかについて話し合いを持ちました。上司としてはマイクロマネジメントをしてもいいが、可能な限りAさんには自分の時間の使い方を自分でコントロールできるようになってほしいという期待を伝え、Aさんも納得して、自分の業務量を可視化して、周囲に伝えることについて前向きに考え始めてくれました。

## 不安を「強み」へと押し上げる

以上の話はあくまで一例ではありますが、「仕事を抱え込む」というようなありがちな行動パターンの背景にも、人によってさまざまな真因が隠れています。そしてそれは、**1人の人間として部下と向き合って、初めて姿を現します。**

本節の最後に、ここまで用いてきた「不安」という言葉について補足します。一見ネガティブな印象を受けるこの言葉ですが、裏を返せば、意識がよく向くところ、つまり「強み」でもあります。

Aさんの例でいえば、彼の強みは仕事に対する人一倍の責任感と貢献意欲の高さでした。ビジネスパーソンとして、自分の弱さや不安を強みへと転換していけるかどうかは、今後の人生に大きく影響します。そして、それを後押ししてくれる上司と出会えたとき、その上司の存在は、一生忘れられない恩人として記憶されることでしょう。上司とは、部下にとってもっとも近い場所にいる存在であることを忘れないでいただきたいと思います。

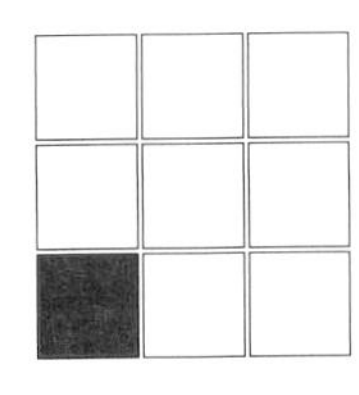

# 振り返りボックス

## 「メタ認知」が自分の行動を変える

たとえば、突然あなたの目の前にボールが飛んできたとして、あなたはどのような反応をするでしょうか。スポーツに長けた人ならば、即座にそれをキャッチしようとするかもしれません。あるいは、恐怖から目を閉じてしまう人、手で顔を覆う人、打ち返そうとする人、それぞれの反応の仕方があります。

これと同じように、業務上で何かトラブルが発生した際に、即座にそれを解決しようと動く人、弁明のためのロジックが頭に思い浮かぶ人、焦りから冷静さを失ってしまう人など、それぞれ反射的に取る行動は異なります。

前述したように、人間は過去の経験によってつくられた信念、思考パターンに基づいて行動をする生き物であり、日頃、外部からの刺激に対してなされる判断や反応、行動の多くがこのような無意識の領域で行われているといわれます。

それでは、一度つくられてしまった自分の行動パターンは変えることができないのでしょうか。ここでキーワードとして紹介したい言葉が「メタ認知」です。元々は認知行動科学の領域で使われていましたが、近年では日常でも使われることが増えてきました。メタとは「○○を超えて」や「より高次の」という意味です。つまり、**自分の行動や思考のパターンをより高次のレベルから俯瞰して捉えるということです**。自分の行動を変えるには、まず自分の行動パターンを知ることが不可欠であり、つまりこのメタ認知こそが、行動変容の第一歩というわけです。

しかしながら、普段、とにかく忙しい毎日を過ごしている私たちは、こうした自分自身を客観視する時間を持つことができません。そして目の前の仕事に忙殺され、無意識のうちに物事を判断し、過去の延長である惰性的なパターンでの生活を続けてしまうのです。

そこで9ボックスの1つのテーマとして、メタ認知を習慣的に行うために大切な業務の「振り返り(内省)」の項目が設けられています。振り返りとは、自分の経験や行動について「どのような意図があったのか？」「その結果、どのようなことを考え、感じたのか？」などを深く省みることを意味します。1人で行うことにも意味はありますが、第3章でも扱ったように、自己客観視をより深めるためには、人に話して自分の考えを「しゃべる」と一層の効果があります。これに加えて上司からの目線でフィードバックを行ったり、質問を投げかけることで、部下はさらに多くの角度から自分を見つめるきっかけを手に入れることができるでしょう。

ちなみにこのメタ認知をする力（＝メタ認知力）は、国際団体の「ＡＴＣ21ｓ（21世紀型スキル効果測定プロジェクト）」によって21世紀に求められるようになる10のスキルの１つに認定され、今後ますます重要視されることが予想されます。

## 「感情の呼び起こし」が教訓をもたらす

「メタ認知」の促進の他にも、「振り返り」の目的・メリットについては、多くの文献で触れられています。その中でもっとも重要なものの１つが、「学びの持論化」です。本書では「教訓化」としています。

たとえば1つの業務が終わった際に、「その仕事の出来はどうだったのか?」「良かったことは何で、改善したいことは何か?」などを振り返る時間を持つことができれば、その経験から学びを得て次の業務に活かすことができます。この習慣があるかないかで、その人の生み出す成果の確実性や成長速度に、雲泥の差が生まれます。

そして、**この教訓化を効果的に行うポイントが「感情の呼び起こし」です**。人は良くも悪くも、過去に味わった感情を忘れてしまいがちです。たとえば遅刻をして気まずかった、忘れ物をして恥ずかしかったなどの感情を味わい、次からは気をつけようと思っても、時間が経つとその感情は風化し、危機意識も薄れ、また同じ失敗を繰り返してしまいます。ですから、落ち着いたタイミングで振り返りをして、しゃべることで、改めてそのときに得た感情を呼び起こすのです。それにより、冷静な視点で「次回からはどうすれば改善されるのか」といった具体的な行動を選択することができるのです。

振り返りにはこれ以外にもたくさんの価値があり、すべて紹介したいところなのですが、紙幅の関係もあり、主要なポイントのみをお伝えしました。ここからは、これらの効果をより大きなものにするための上司のかかわりを見ていきたいと思います。

# 経験学習モデルを活用した振り返り方法

「振り返り」にはさまざまなやり方があります。人によっては、日記を書いたり、今日の出来事を家族に話したり、シャワーを浴びながら考え事をしたりと日常の習慣が振り返りとして機能していることもあります。対話の場では、そういった振り返りのメカニズムを濃縮し、より効果的にメタ認知を促したり、気づきが生まれやすいように、部下の話や思考を導いてあげることが大切です。

本書では、デービッド・コルブの「経験学習モデル」を活用した振り返りの進め方とポイントについて紹介していきます。大変有名なモデルであり、このモデル自体については、本書を手に取った方であれば、一度は耳にしたことがあると思います。そこで本書では、モデル自体の説明ではなく、著者なりの解釈に基づいた形で、対話の中でこのモデルを活用するポイントとして整理し、解説したいと思います。

まず、このモデルの基本プロセスは次のようなものになります。

①　具体的経験（経験する・行動する／またはそれらを思い出す）
②　内省的観察（振り返る）
③　抽象的概念化（教訓・学びにする）
④　能動的実験（新たなチャレンジをする）

これらのプロセスに沿って部下の振り返り支援のポイントを、順に説明していきます。

## 1　具体的経験

### 振り返り支援①　経験の抽出

働く部下の毎日は、出社してから家に帰るまで、多くの経験に溢れています。その中から、どの経験にフォーカスするのかを選択することが最初のステップです。部下にとって印象深かった経験や、心に引っかかりの生まれた経験など、**何か心が動く要素のある出来事は、部下の自己理解や学びにつながる可能性が高いでしょう。**記憶の新しさでいえば、直近、終わったばかりの仕事などについて考えるのも効果的です。

また、「できなかった」ことにフォーカスしがちな振り返りですが、「できたこと」にも等しくフォーカスすることで、成果の再現性につながり、よりポジティブな姿勢で行動改善につなげることができます。

**振り返り支援② 感情の呼び起こし**

すでに述べた通り、人間の行動の原動力となる感情を俯瞰することは、自己理解のためにとても大切なファクターです。しかしながら、同時に感情は容易に忘れてしまうものなので、上司は部下がその経験で感じたことを思い起こさせ、その感情を受け止めてあげるような支援が必要です。気持ちが動かない振り返りからは、自分にとって心から大切だと思える教訓を導き出せず、表面的な思考で終わってしまいます。そのため、とくに第3章で扱った「しゃべってもらうスキル」を意識して活用します。

対話例① 経験の抽出――感情の呼び起こし

**上司**「**最近、何か印象に残ったことはある？**」

**部下**「そうですね……う〜ん、何だろう」

**上司**「ちょっと嬉しかったとか、悔しかったとか……。強いて言うならコレかな？

みたいなのでもいいよ！」

**部下**「……嬉しかったことでいえば、やっぱりA社の受注は嬉しかったですね」

**上司**「おぉ、あれは僕も嬉しかったよ。とくにプレゼンが良かったみたいだね」**（肯定の返し）**

**部下**「そうなんですよ」

**上司**「元々いけそうな感じはしてたの？」

**部下**「いや、五分五分っていう感じでしたね。先方の担当者の方はうちの案をかなりプッシュしてくれてたみたいですが、決裁者の上長はN社の方が気に入ってたみたいで」

**上司**「そうか。じゃあ受注が決まったときは、**どんな気持ちだったの？**」**（具体化質問）**

**部下**「いや、思わずガッツポーツでしたね」

**上司**「ガッツポーズ！　なるほどねぇ～」**（共感の返し）**

**部下**「はい」

**上司**「せっかくの1on1だから試しに聞くんだけど、**やっぱり受注すると嬉しい？**」

**部下**「そりゃ嬉しいですよ」

**上司**「おぉ、どうして?」

**部下**「どうして?」

**上司**「うん。あ、たとえば、先輩のBさんは、競合に勝ちたいっていうのがモチベーションになっているらしくてさ。だから、競合が多い案件で受注できるとめっちゃ嬉しいんだって」

**部下**「なるほど……。僕の場合、あんまり競合は気にならないですね。それなりに準備をして臨んだ提案でしたし……なんだろうな。やっぱり担当の方の悩みとかを聞いているわけだから、その**期待に応える提案ができたというか、役に立てた、というのが嬉しい**ような気がします」

**上司**「担当者の期待かぁ。つまり顧客の期待ってやつだよね。たしかに……。ちなみに今回のお客さんはどんな風に連絡をくれたの?」**(整理の返し)**

**部下**「それなんですけど、普通だったらメールじゃないですか。なのに、電話でわざわざ連絡くれたんです。『決まりましたよ!』って。**正直、それが一番嬉しかったですね。**信頼関係ができているっていうか」

**上司**「それ、めっちゃいいな」**(共感の返し)**

**部下**「そうなんですよ!」

## 2　内省的観察

**振り返り支援③　視点の切り替え**

たとえばゴルフで「今日はスイングの調子が良いなぁ」と思ったとします。その背景には、もちろん、自分の打ち方が良くなってきたという理由もあるでしょう。しかしそのほかにも、体調が整っていたとか、仕事が片づいていて気持ちの面で集中できた、あるいは道具や芝や天候など自分以外の要因の影響もあるはずです。

業務においての成功や失敗も、さまざまな関係の中で生じているものです。**部下がさまざまな視点から　経験を見つめられるよう、質問を通じて支援していきます。**

**振り返り支援④　真因の特定や分析**

さまざまな角度から経験を見つめたうえで、自分にとってもっとも重要な要素は何かを分析します。ときには複数の経験を並べたときに共通のパターンが浮かび上がることもあるでしょう。上手くいったことは再現へ、上手くいかなかったことは改善へとつなげられるように経験を掘り下げていきます。

対話例②　視点の切り替え——真因の特定や分析

**上司**「ちなみにさ、論点変わるけど、今回の受注の勝因はどのへんにあるのかな？」

**部下**「勝因ですか。そうですね……そう言われると困りますね（笑）」

**上司**「あ、もちろん、今回の受注は文句なしに君の実力だと思っててさ。だからこそ、これを次につなげて、ますますいい波に乗ってくれたらいいなって思うからさ（笑）」

**部下**「たしかに…そうしたいです（笑）」

**上司**「たとえば提案の内容が良かったのか、プロセスが良かったのか、お客さんとの関係構築が上手くいってたのか……いろいろあるとは思うんだけどね」

**部下**「関係も良かったですけど、それはどの案件でも大事にしてるからなぁ……。ま、若干いつもより落ち着いて進められていた気はしますけど……。なんだろうなぁ、勝因」

**上司**「そうだねぇ……。関係も良くて、落ち着いて進められていて……」（整理の返し）

**部下**「……」

**上司**「参考になるかわからないけど、1つ君の動きを見ていて気づいたことがあって。前から君、わりと締め切りギリギリに手をつけて、土壇場で力を発揮するタイプだったじゃない。それはある意味、君のスタイルだし構わないんだけど、**今回は、早めに提案書をつくり始めてる印象があったよ**」**（認める）**

**部下**「たしかに……そうですね。それは、たしかに、わりと最初の方の顧客訪問で、担当者の方がかなり熱く問題意識を話してくれたんですよね。それで自分も火がついて、すぐに手をつけたんです。案の定、それからしばらくはまた寝かせてしまってましたけど……。でもそれでいくと、その思いを引き出せたときに、これはイケるなっていう感覚もあったんです」

**上司**「イケるなっていう感覚？」**（整理の返し）**

**部下**「はい。受注できそうだなって。それくらい担当者の方の思いをキャッチしたっていう手応えがあったんですね。だから早く形にしたかったんです」

**上司**「なるほど。それってよくある感覚なの？」

**部下**「どうでしょう……」

**上司**「なんというか思いに触れると、やる気が出る、みたいな」

**部下**「どうだったかなぁ……」

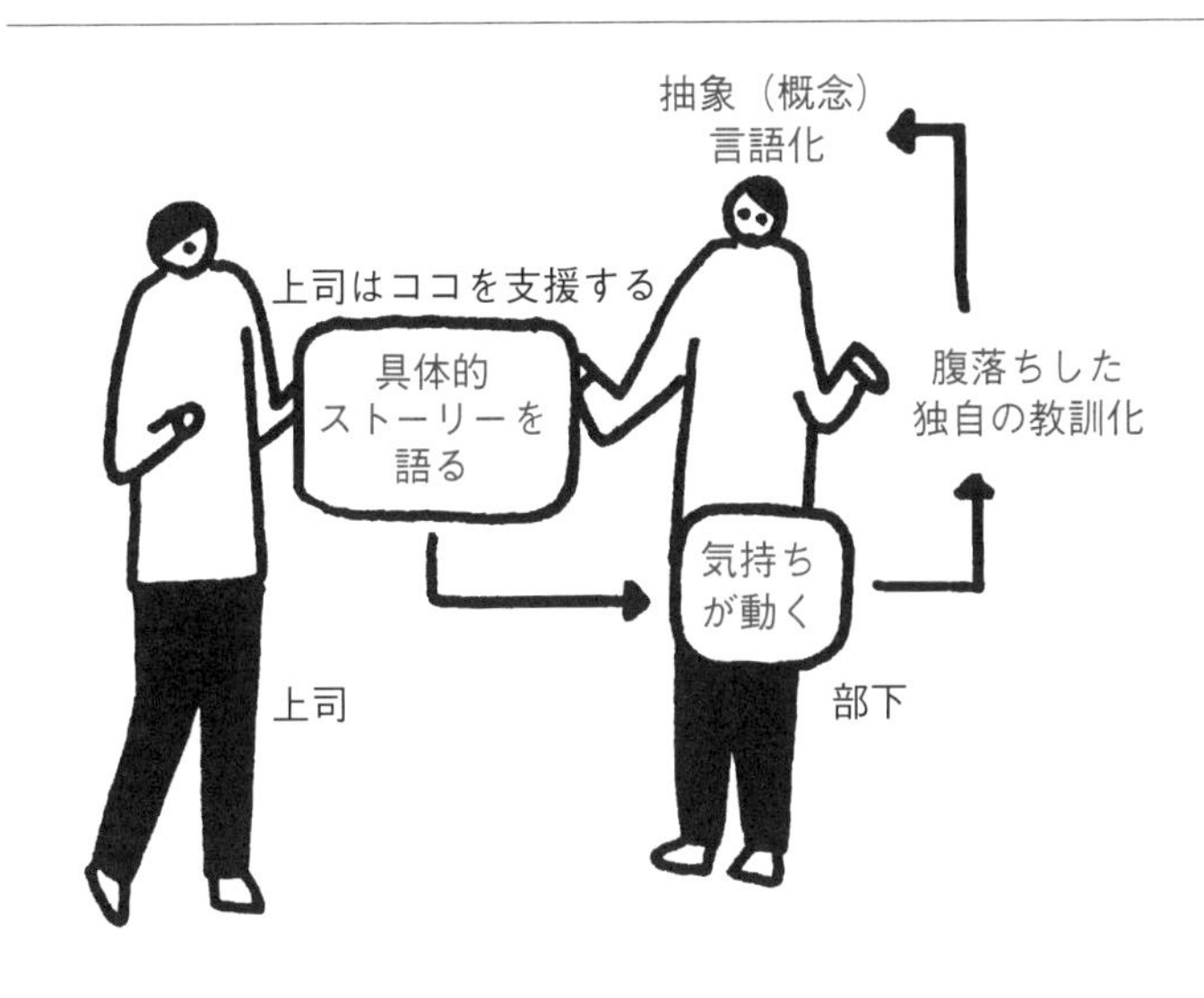


# 3 抽象的概念化

**振り返り支援⑤　教訓の言語化**

教訓の言語化というのは、曖昧なイメージに言葉を与えて、教訓という形で繰り返し認識したり、ほかの人に共有できるようにしたりすることです。**「この業務では○○が大事」「自分には□□という特徴がある」**と表現したり、ときには図などを用いて表現します。一度言葉で定義できた教訓は、後から修正し、より自分にとって意味のあるものへと変えていくことができるため、何にしても、まずは言葉にすることが大事です。

上司は、部下の言語化を積極的に後押しし、ときには部下のアイデアを言葉にして、

「それってこういうこと?」などと提示することも効果的です。また、部下にとって本当に大事にしたいと思える教訓は、部下の気持ちが乗って、心から話しているときに見つかることが多くあります。**言語化を急がず、まずは部下に気持ち良く話し切ってもらうことを大切にしましょう。**

## 4 能動的実験

### 振り返り支援⑥ 実践と継続の後押し

概念化した教訓をどのように実践へと活かすことができるのか、ここも1つ試行錯誤が必要です。たとえば、ある仕事が特定の状況で失敗することが多いという教訓が見つかったとしても、「その状況を避けるにはどうしたらよいか?」「その状況に陥ったときにどうしたらよいか?」など、それを日常に活かす切り口を見つけなければなりません。

そこで上司の立場では、部下が見出した教訓を実践で活かせるように後押ししたり、時折「そういえば、あのとき話してたヤツは上手く活かせてるかな?」「その後、進展はあった?」などと思い出してもらうことで、継続的に成長していく感覚をつかんでもらうことができます。

対話例③　教訓の言語化――実践と継続の後押し

**部下**「あぁ……！　たしかにあの時もあの時も、その人の話を深く聞けたなと思うときは、仕事にもすぐに取りかかれるし、結果も上手くいくことが多いように思います」

**上司**「本当？　つまり、**人の話を深く聞けると結果が出やすい**、と。それはめちゃくちゃ大事な気づきだね」――**（教訓の言語化）**

**部下**「そう……だから自分は、わりと熱いタイプの人と仕事がしたいんですよね」

**上司**「なるほど、思いにあふれる人との仕事がいいんだね（笑）」――**（整理の返し）**

**部下**「まぁ、現実はなかなかそうはいかないですけどね」

**上司**「う～ん……。たとえばさ、自分から相手の思いを引き出すってのは1つあるよね」

**部下**「まぁそうですね」

**上司**「それと……今回のお客さんにしても、どうして君に熱く語ろうと思ったんだろう。君にそういう強みがあるのかもしれないよ？」

**部下**「そうなんですかね」

**上司**「試しにさ、次の訪問で、お客さんのなるべく個人的な思いを引き出そうとしてみるのはどう？」

**（実践の後押し）**

**部下**「実験っていうことですか？　そうですね……やってみます」

**上司**「うん。また結果、教えてよ」

**部下**「わかりました！」

以上、9ボックスの「振り返り」のテーマについてポイントを解説してきました。

繰り返しになりますが、誰もが同じ行動を取っていれば大きな成果につながった軍隊型組織の時代は終わり、メンバーの1人ひとりが自分の意見を持ち、実行できる、いわば個の力が求められる時代です。21世紀型スキルの話も紹介しましたが、メンバーレベルで振り返りの力が求められるということは、**裏を返せば、マネジメントにおいても、部下の振り返りを支援する力が必須になるということでしょう**。与えた指示を効率良くこなす部下ではなく、自分の頭で考えて動ける自立した部下を育てることが、今後の人材マネジメントの目指すところなのです。

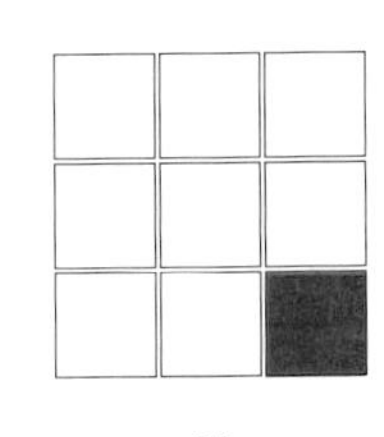

# 業務改善ボックス

## 「行動」のすり合わせはやり方を覚え、「考え方」のすり合わせはやりがいを見出す

業務レベル最後のボックスは「業務改善」。部下と一緒に少し先の未来に目をやり、今以上の成果を生み出すためにできることは何かをすり合わせる項目です。

実際に現場で1 on 1に取り組む人たちの声を聞くと、このボックスのテーマを使って、具体的な業務改善について話している人もいれば、業務やサービスの今後についての議論に充てている人もいるようです。ほかにも、今後起り得る業務上のリスクや、市場や競合の動向、自社商品の可能性についてなど、このテーマで話すべき内容はたくさんあるでしょう。

一方で、ここでも例に漏れず、上司が一方的に部下に「教える」という構図にならないよう注意が必要です。あくまで考える主体は部下であり、**部下が業務改善に向けて自ら考えを深めていけるよう、上司は支援をしていきます。**そのポイントについて説明をしていきたいと思います。

**このボックスですり合わせたいのは、業務改善に向けた具体的な施策や行動というよりも、むしろその根底にある思考プロセス、「考え方」についてです。**上司が伝えたからわかる、言ったから気づくではなく、自分の業務については上司と同等の視点で物事を考え、必要な改善を自ら行える、それが理想の状態といえるでしょう。

しかし、考え方といっても、そのすべてをすり合わせるのは難しいものです。そこで、上司と部下との間で、とくに優先的にすり合わせるべき4つの観点をご紹介します。ご自身と部下とで、現時点でどれくらい考え方の違いがありそうか、チェックしてみてください。

## □時間的視野の広さ

どれくらいのスパン（期間）で物事を考えているか。経験を積むほどに、より長期的な視野で物事を考えることができます。

**□関係者の理解**

業務を取り巻く関係者の視点から考えているか。経験を積むほどに、多くの立場の関係者の視点を持てるようになります。

**□バランス**

量と質、挑戦とリスク管理など、二律背反する事象に関して、どのようなバランス感覚を持ち、物事を考えているか。

**□意志**

自分の業務にこだわりを持ち、こうしたいという自らの意志に基づき考えているか。または自分の意志を持つ大切さを理解しているか。

ここに挙げたような観点に対して、考え方の差がある状態では、議論をしてもなかなか噛み合わず、どうしても視野の広い立場の人が、もう一方に指示をする、教える、という形になってしまいます。

もちろん、本当の意味で上司と同じ視点で物事を考えられるようになるにはある程度の時間と経験を要するでしょう。しかしながら、それに至るまでの時間をなるべく短くし、早期にこれらの観点を持てるようになると、部下の成果の増大のみならず、部下が仕事に楽しさややりがいを見出すことにもつながります。

## できる上司は自分の行動の手のうちをさらす

前項に挙げたような観点について、どのようにその考え方をすり合わせていけるのか、2つのポイントに分けて解説します。

**1つ目のポイントは、上司から部下へのアクションとして、上司が自分の考えを積極的に部下に伝えることです。**新人や若手など、業務を深く習熟できていない時代には、上司

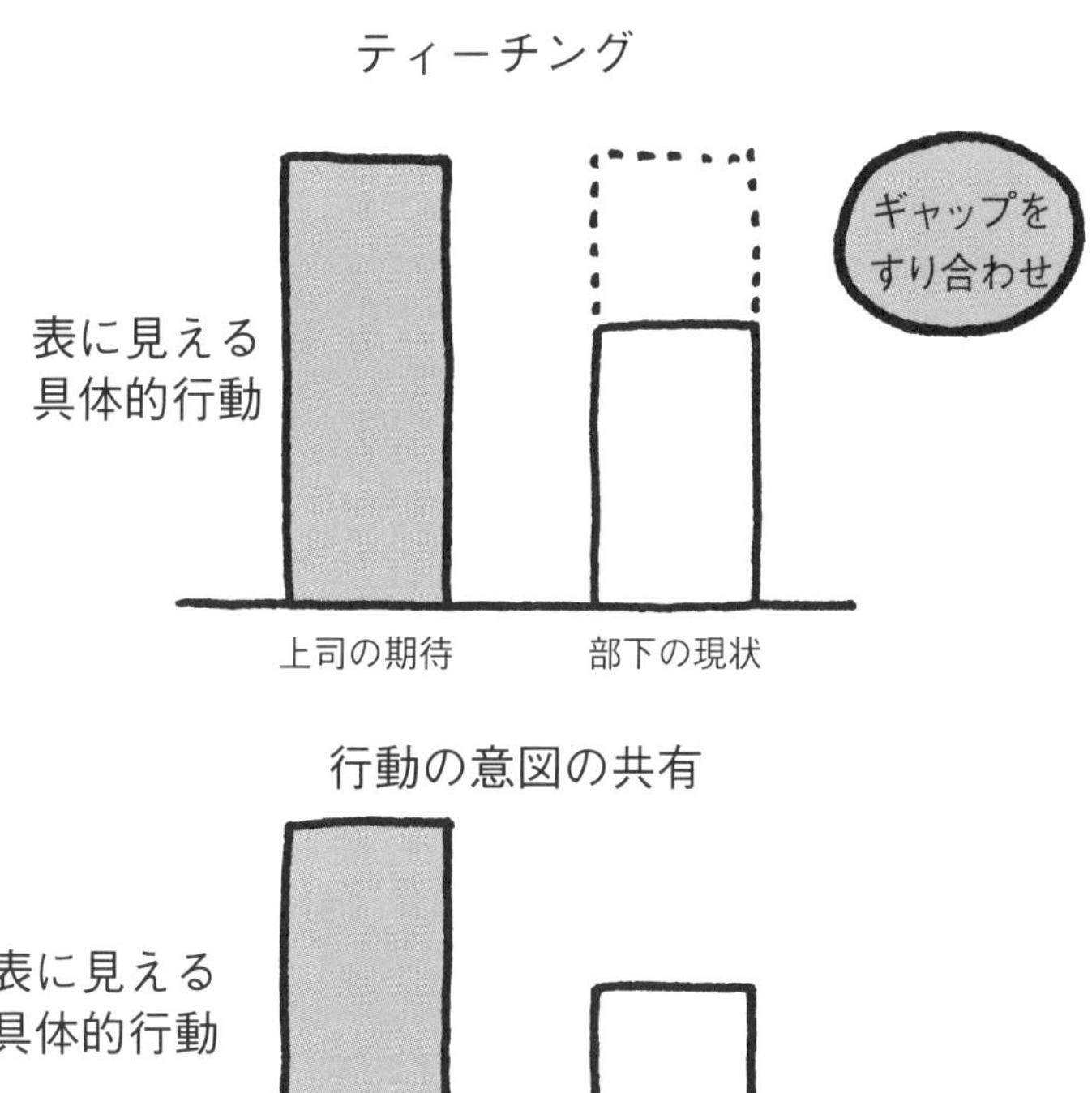
ティーチング
ギャップを
すり合わせ
表に見える
具体的行動
上司の期待
部下の現状

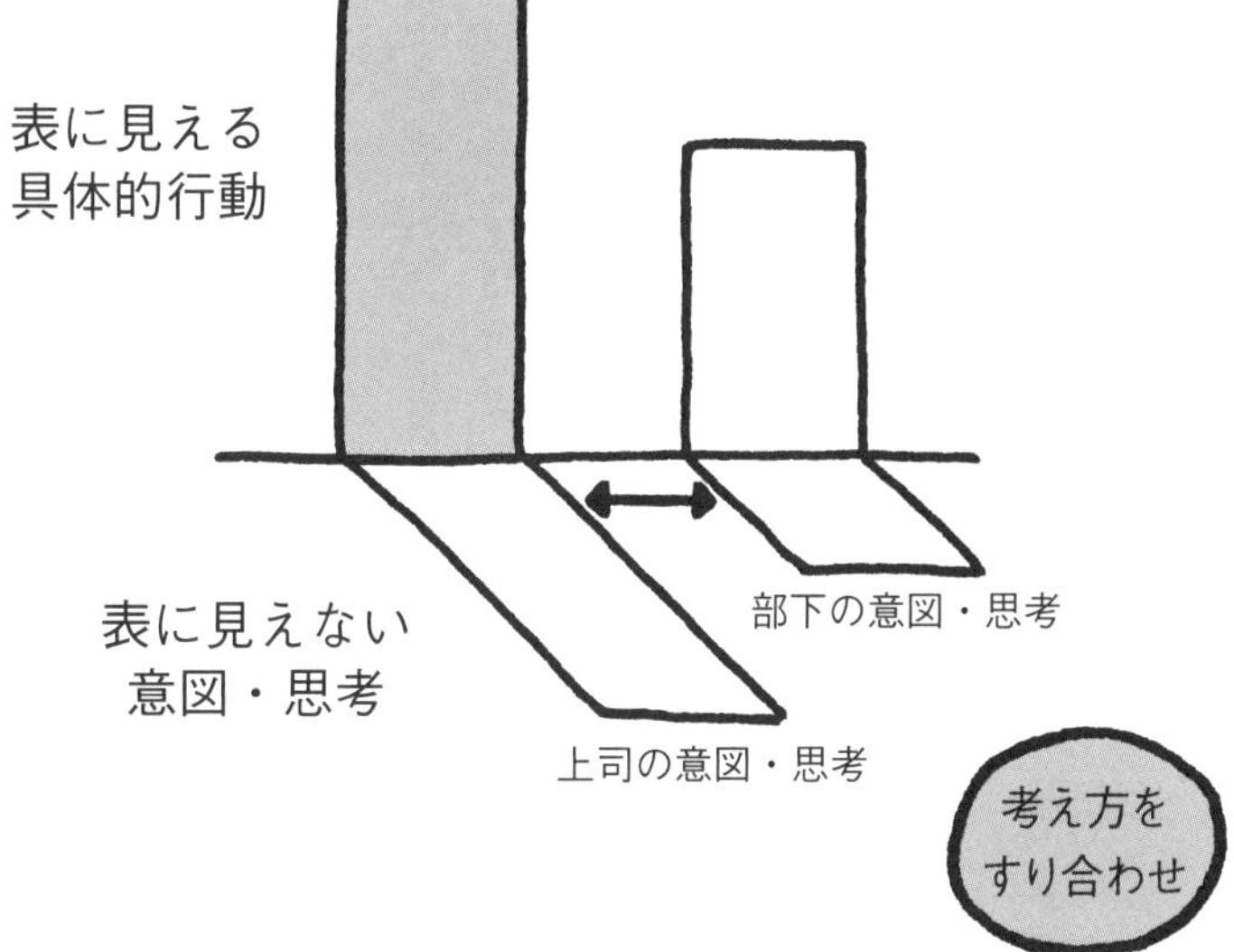
行動の意図の共有
表に見える
具体的行動
部下の意図・思考
表に見えない
意図・思考
上司の意図・思考
考え方を
すり合わせ

から部下への指導の中心は、具体的な行動レベルでの指示や、やり方のすり合わせをして、上司の期待と部下の現状のギャップを埋めていきます。これを「ティーチング」と呼びますが、**部下の自立を促すうえでは、部下の成長段階に合わせて関わり方を変え、具体的な行動レベルに関する共有から、その後ろ側にある、行動の背景や意図の共有へと比重を移していくことが必要です。**

実際に多いのは、いつまでも指示的なコミュニケーションばかりで部下の自立を阻害しているケースや、指示した行動がある程度できるようになったタイミングで関わりの量そのものを減らしてしまうケースです。これでは、自ら深く考えて動く部下は育ちません。

たとえば、上司と部下が同じ仕事を一緒に進めるような状況であれば、その進捗の中で「○○の理由で今回はこう判断しようと思う」などと、少ししつこいくらいに意思決定の背景を積極的に共有していくようにするといいでしょう。また、普段はなかなか仕事を一緒に進めることが少ないという場合には、1on1の中で、上司自身が今抱えている仕事について部下に共有し、「ちなみに○○君はどう思う?」などと部下にアドバイスを求めるのも効果的です。それらのやり取りを通じて、上司がどのような観点、考え方を持って業務に取り組んでいるのかが少しずつ部下に浸透していきます。

上司の行動の意図を伝える対話例を、前述の4つの観点を中心に見ていきます。

**上司**「今回、なぜイレギュラー案件を受けたかわかる?」

**部下**「今月、売上が厳しいからですよね」

**上司**「それはまた別の話だね。ちゃんと理由があるんだけど、君が僕の立場だったらどうしてた?」——**(関係者の理解)**

**部下**「もちろん受けてましたよ。売上がほしいですから。開発と多少衝突してでも、それを抑えてやっていくのが我々の価値ですからね」

**上司**「まぁ、そうなんだけど、結果に至ったプロセスを知ってほしいんだよね。この立場に立つと影響の範囲の全体観と時間軸を考えないといけないんだよね」——**(時間的視野の広さ・バランス)**

**部下**「全体観と時間軸ですか?」

**上司**「そうそう。とにかく目先のこと、つまり点でものを見ないということを僕は意識しているんだよね。まず、関係者が誰なのかを正確に見極めたうえで、これを意思決定したらどういう範囲で影響があるかの全体観を考えていて……。今回でいうと関係者と影響ってどういうことだと思う?」——**(意志)**

部下「営業と開発ですよね」

上司「そうだね。あとは今回のクライアントだね。社内のことで細かくいうと、開発の今の業務稼働の状況や、営業の中での今回のクライアントの占有率も確認したかな」

（関係者の理解）

部下「なるほど」

上司「それから時間軸だね。クライアントに今回恩を売っておくことで、後々どういう効果や関係性が期待できるか。あるいは、過去において迷惑をかけたことはなかったたか。そういう時間軸をひと通り検証してるかな」

（時間的視野の広さ）

部下「なるほど。意思決定のときにそんなことを考えてるんですね」

上司「そうそう。とにかく意思決定のときには、全体観と時間軸を検証することを大事にしているから、君にも知っておいてほしいんだよね」

（意志）

このように、上司の意思決定の仕方や考え方を伝えていきます。もちろん、会議やツールを使ってチーム全体にも伝えられることだとは思いますが、部下の理解度を確認しながら個別にも伝えていくことで、より考えが理解浸透していくでしょう。

補足として、注意していただきたいのは、決して上司の考えを部下に押しつけるのではなく、上司なりの考え方であると前置きをしたうえで語っていくことです。部下は上司の話にヒントや着想を得て、自ら視野を広げ、思考が鍛えられていくでしょう。

## 部下の考えを引き出すための質問例

**2つ目のポイントは、部下から上司に自分の考えを話す、上司視点で言い換えれば、「部下の考えを引き出す」ことです。**前項のように、上司の意図を共有することはもちろん大切ですが、そもそも上司と部下とで見ている世界や経験が大きく違う場合には、上司の言うことがいくら正論であっても、なかなか部下として理解することが難しい場合もあります。それでなくとも、上司が自分の考えを伝えるアプローチに加えて、部下の視点から少しずつ視野を広げていくアプローチも必要となってくるでしょう。

対話の進め方や引き出し方については、前章までを参照していただくとして、ここでは業務改善の対話を始める切り口になりやすい質問の例と、視野を広げる質問の例をいくつか紹介します。

**業務改善の話を引き出す質問の例**

「今より**いい仕事をする**には何が必要だろうか?」

「今より**仕事の価値を高める**にはどうしたらいいと思う?」

「今より**仕事を速くするためのアイデア**はあるかな?」

「今より**品質(満足度)を高めるためにできること**はあるかな?」

「今より**売上を伸ばす方法**って考えたことあるかな?」

「今より**業務の安定性を高める**にはどうしたらいいかな?」

**視野を広げる質問の例**

「この**業務の目的**ってどう考えてる? それを踏まえるとどうかな?」

「ちなみに**長期的に考えると**どう思う?」

「**お客様の立場からしたら**、どんなことを感じると思う?」

「クオリティも大事だけど、業務の全体として**他に意識すべきこと**ってどんなことがあるんだろうね？」

「**自分としてはどうしたいの？**」

これらの質問を用いながら、次に続く対話例も参考に、ぜひ部下の思考プロセスを強化していただければと思います。

**上司**「少し先を見据えて、**今よりいい仕事をしていくにはどんなことが必要だと思う？**」 **（業務改善を引き出す質問）**

**部下**「そうですね……どんなことでもいいんですか？」

**上司**「もちろん」

**部下**「う〜ん、何だろう……」

**上司**「……」 **（沈黙を待つ）**

**部下**「もう少し、落ち着いて仕事をした方がいいと思うんですよね」

**上司**「ほう。落ち着いて、というと？」 **（促し）**

**部下**「今って、システムに関することならどんな要望もお客さんから受けるじゃないですか？」

**上司**「うん」

**部下**「その結果、開発部のメンバーも疲弊しているし、僕ら営業もいつも新しい勉強をしないといけなくて……。何かもっと自社の強み領域をとがらせて、それ以外はやらない、みたいな方向性に転換した方がいいような気がしています」

**上司**「なるほどね。たしかに開発もしんどそうだよなぁ」——**（共感の返し）**

**部下**「その方が効率も上がるはずです」

**上司**「君の言う通り、前からそういう声は出てるんだけど……。**たとえば君がお客さんの立場だとして**、たくさんの外注業者の中からやっと気に入る会社が見つかって、また別の仕事をお願いしようと思ったら、強みではないからと断られるのと、強みではないけれど対応できないか検討しますと言われるのと、どっちがいいかな？」——**（視野を広げる質問）**

**部下**「うーん……。断るのはある意味での誠実さなのかもしれないですが……。また別の会社と一から関係を築くことを思えば、最初から手広くやってくれる会社と付き合いたいと思うかもしれないですね。……実際、お願いしたいと思える業者を見つけるのって大変なんですかね？」

**上司**「いや大変だと思うよ。まずうちみたいな会社は五万とあるわけだし……。一方で、なんでもかんでも引き受けていたら自社内はパンクしてしまうというのも事実だよね」

**部下**「たとえば、あくまでうちが窓口で、その領域に強い会社がありますので……と、ほかの信頼できる企業を紹介してマージンを取る、というのはどうですか？　絶対その方が効率もいいし、世の中としては価値につながるんじゃないでしょうか」

**上司**「あはは、面白いね。いや本当はそうできたら業界も活性化していいよなぁ。あとは、うちが自社の強み領域に絞って、ほかは別の企業に流すとしたときに、それで今と同じだけ、あるいはそれ以上の売上を伸ばしていけるかというのもあるね」——**（共感の返し）**

**部下**「売上かぁ……。そんなにパイの大きな分野ではないですしね……」

**上司**「うん。君の言うように、分担して、領域に特化した方が、効率的ではあるんだけど、それを推し進めるとなると、難しい部分もあるんだよね。ただ、君の問題意識にも共感できるし、**何かいいアイデアが見つかるといいんだけ**

（業務改善を引き出す質問）

**どね**

**部下**「そうですね……。あ、じゃあたとえば、自社のメンバーが1人ひとり自分の得意領域を持つというようなのはどうですかね？　明確に分けるのは難しいかもしれませんが、こういう依頼だったら、○○さんが詳しかったなとか相談できれば、効率も上がるし、社内のノウハウももっと活かされると思います。今はそれぞれがそれぞれに幅広く取り組んでるので」

**上司**「なるほど！　それ、めっちゃいいね。最終的に制度としてやっていけるかどうかはわからないけど、まずメンバーレベルでそういうのを意識してやっていくのもいいかもね」

**部下**「本当ですか」

**上司**「で、君の得意領域はどのあたりなの？」

**部下**「ギクッ（笑）」

**上司**「言い出しっぺからやっていかないと」

**部下**「そうですね。……となると、まずは自分の得意領域を伸ばさないとだな」

**上司**「伸ばすのも大事だし、『これは任せろ！』と積極的に社内で発信することも大事だね」

**部下**「発信かぁ。……勇気がいるなぁ」

**上司**「なんだよ(笑)。まぁ始めは小さく、できることから動くことが大事だよ」

**部下**「そうですね……!」

以上、業務レベルのボックスについて説明してきましたが、実際、業務の話になると、あれこれ言いたくなってしまうのが、マネジメント上の責任者である上司の宿命ともいえるでしょう。

しかし、1on1などじっくりと対話する機会だからこそ、日常の業務中とは視点を切り替えることが大切です。直近のミスや失敗そのものの修正や反省を迫るのではなく、その背景に目を向け、どうしたらより良い継続的な行動につながるのか、部下の「プラス」を伸ばすような意識でかかわってください。

第6章

# 「何を（What）」「どう（How）」すり合わせるか

## ——個人レベル

## なぜ、部下は今日も会社に出社しているのか

第1章でも触れたように、国内の少子化傾向や就業観の変化にともない、個人と組織の力関係は急速に逆転しつつあります。その中で、働き方改革の後押しもあり、組織に個人の労働者が使われる、という状況から、個人が組織を活かして働くという価値観への転換が少しずつ広がり始めています。

部下育成という名目の元、これまでも上司が部下の個人的要素を知ることは重要視されてきました。部下を成長させるために、個人の特性を知ることはとても大切です。しかし、現在ではそれ以上に、「離職防止」という観点で個人を知ることはますます重要になっています。個人が望むライフスタイルを自組織は提供できるのか、個人のパーソナリティが持つ強みを発揮できる環境が自組織にはあるのか、そして個人の将来キャリアを実現できる土壌が自組織にあるのか、このあたりがすり合わない状態が続くと、部下はより自分らしく働ける環境へと簡単に旅立ってしまうリスクが高まっています。

「すり合わせ9ボックス」における「個人レベル」を対話する焦点は、主としては部下の成長であり、そこに向けた対話を行うことが大切です。ですが、マネジメントという視点から見れば、「部下が自社で働く意味はどこにあるのか」を、つねに握り続けるという軸も持っておくことが必要です。加えて、個人レベルのテーマは、長期的な視点で、ゆくゆくは業務レベルや組織レベルのボックスにつなげていくという意識が大切です。

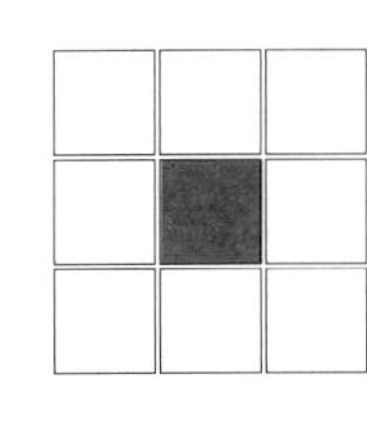

# ライフスタイルボックス

## ライフスタイルのすり合わせが今、新しい価値をもたらす

社会は、個が尊重される時代になってきました。「ダイバーシティ&インクルージョン」

という概念が叫ばれ、個々の違いを受け入れ、認め合い、活かしていくことが重要になってきています。その背景には、少子化やグローバル化、消費嗜好や価値観の多様化などがあります。企業は、多様な人材を戦略的に受け入れて、市場の変化に対応しながら、創造的なものを生み出そうとしています。

そのような時代の変化の中で、マネジャーとして部下の人生全体の生き方や考え方など、ライフスタイルをすり合わせることは、これまでとは異なる意味合いを帯びてきました。

まず**1つ目の意味は、「事業価値」です。**部下の趣味や好きなこと、人間関係、家族関係などを知ることで、たとえば、新しいサービスの開発につながることがあります。変化の激しい時代の中で、新しい家族の形のニーズを捉えたサービスや好きなことを事業にするといったことが起こっています。また、企業の厳しい採用状況の中、知り合いのリファラル（縁故）採用もかなりメジャーになっています。このように、ライフスタイルのすり合わせが事業的に価値を生むようになってきています。

**2つ目の意味は「リスク回避」です。**まず、部下本人の健康や家族の健康などを把握しておくことは最低限必要です。さらにライフイベント（結婚、妊娠・出産、介護）などを知ることで、さまざまなマネジメント上のリスク回避につながります。また、「どんなことに興味を持っているか？」「資格の勉強をしている」などは転職の可能性を示唆しているかもしれません。さらに、副業などを行っている場合は、本業と競合していないかをチェックする意味でもすり合わせは必要です。

**3つ目の意味は、「パーソナリティ理解」です。** これは次のボックスで詳細に説明しますが、現在は多様性を受け入れて、個々の強みなどのパーソナリティを活かす時代です。しかし、パーソナリティは無意識に発揮されることが多く、把握するのは自分自身でも困難です。そこで、家族関係や友人関係、好きなことの情報などのライフスタイルを知っておくことで、そこから話を深堀りしやすく、本人のパーソナリティ理解につながるのです。

このようにライフスタイルのすり合わせが、さまざまな意味を持つようになり重要性が増しています。しかし、いずれにしても**すり合わせの際には、部下の成長にフォーカスすることが重要です。**ライフスタイルのすり合わせがなぜ部下の成長につながるかというと、継続的なその人の人生における成長を考えたときに、たとえばライフイベント（結婚、出産、介護等）やライフワークなどを把握していることで、それらを考慮したマネジメントができるからです。また、健康についてすり合わせておくことは、成長における土台になります。何もマネジャーは興味本位で聞くわけではないのです。

# 5つのテーマを全肯定で受け止める

それでは具体的に上司として把握、すり合わせたいライフスタイルについて見ていきます。

もちろん、紹介する項目のすべてを満遍なくすり合わせる必要はありません。部下とのコミュニケーションの中で、必要なタイミングで必要なテーマを話していけばいいのです。部下の生き方や興味のある事柄というのは、上司にとってもさまざまな刺激を与えてくれるはずです。とくに激しく変化している時代にあっては、その変化を部下の方がおそらくよく知っているし、順応しているケースも多いでしょう。ですから、**ライフスタイルの対話は、上司にとって「教えてもらう」ということがしやすい、自然に聞き手に回りやすいボックスといえます。**

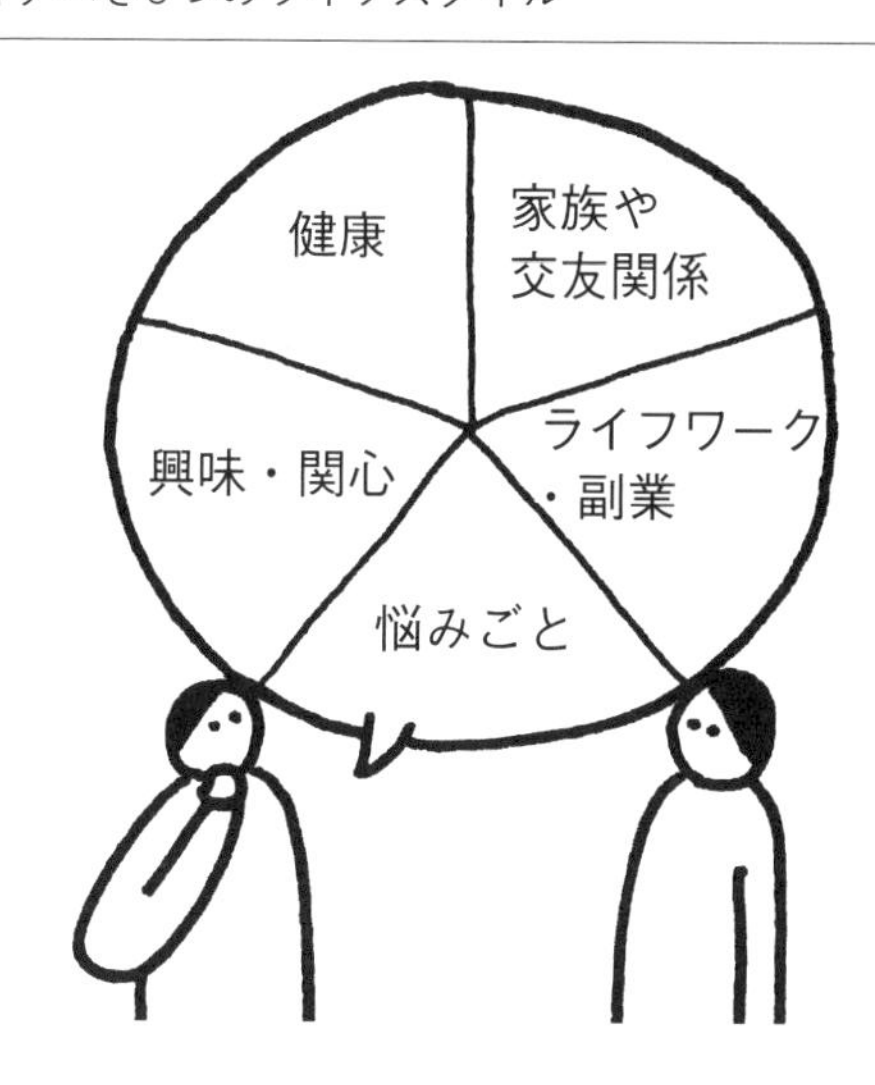


## 1　健康

部下の健康については、定期的にすり合わせましょう。最低限、心と身体が健康であるよう管理するのがマネジャーの役割だと思って接してください。具体的には、**「最近、眠れているかどうか？」を確認することが重要です。** そこにストレス過多の早期症状が現れます。また、普段見ていて気にかかることがあれば、言葉にして伝えましょう。たとえば「さっき咳してたけど大丈夫？」「昨日の会議で元気なさそうだったけど大丈夫？」など少し過剰なくらいに気にかけているメッセージを伝えてください。

しかし、健康上のことを聞くのは、ある

線を越えるとコンプライアンスに引っかかるのではないかと、心配になってしまうものです。部下も、ある程度信頼関係がないと言えないこともあるでしょう。無理やりストレートに「持病はありますか?」などと聞いても、心的距離は遠くなるばかりです。まだ距離を感じる間柄であれば、「最近調子はどう?」、あるいは**「健康上のことで何か私が知っておいた方がいいことはありますか?」という言い方で、話す主導権を部下に渡して優しく聞いてみてください**。加えて、健康を支える運動や食事をテーマに、お互いの健康法などを紹介し合うのもおすすめです。

## 2 興味・関心

趣味やはまっていることなどの興味・関心事は、継続的に話せるテーマです。また、「同じ小説家の本をよく読む」「同じサッカーチームのファンだ」など、共通の関心事が持てていたならば、親近感も湧きます。さらに、たとえば英語学習など、独自に勉強していることや自己研鑽を積んでいることなどを知っていると、業務へのつながりや将来キャリアへの紐づけも行うことができます。ほかにも、若い世代が部下であれば、今の時代の変化について知るきっかけにもなり、上司としては刺激をもらうことができるでしょう。

しかし、そのように部下の関心事に興味を持てればいいのですが、そうはいっても「野球の話は聞きたくない」など関心を持てないこともあるでしょう。私が普段心がけているのは、**自分の関心を相手の話している内容よりも、動機に向けるということです。**

たとえば、地下アイドルにはまっている方がいました。私はまったく興味が持てなかったのですが、「彼を熱狂させる動機は何だろうか？」ということにフォーカスしてお互い盛り上がりました。つまり、地下アイドルが人を熱狂させる動機を知ることで、事業アイデアやマーケティング手法を思いつくかもしれませんし、地下アイドルが彼を熱狂させる動機を知ることは、そのまま彼のパーソナリティを知ることになります。たとえば、地下アイドルが好きなのは、あまりメジャーなものは好きではなく「知る人ぞ知る」という信条があるという人物理解につながります。そういうことを覚えておくと、仕事でもあまり目立つポジションではなく、縁の下の力持ちの仕事に配置を考慮するなど応用することもできるのです。このように、個人の成長にフォーカスを当てながら対話していくことがポイントです。

## 3 悩みごと

部下が悩んでいて、話したいこと全般のテーマです。

「何か仕事以外でも困っていることとかない？　大丈夫？」

このように広く抽象的に質問してみて、あとは部下の判断に任せるのがよいでしょう。人間の悩みは大別すると5つだといわれています。1つ目が人間関係について、2つ目が健康について、3つ目が将来について、4つ目が仕事について、そして5つ目がお金についてです。この項目の多くは9ボックスのほかのボックスでも扱います。

それ以外でたとえば、1 on 1のときによく恋愛相談をするという方がいらっしゃいました。毎回、少し恋愛相談コーナーがあり、そこが一番盛り上がるのだそうです。対話は生きものなので、関係性やタイミングや流れによって話す内容も変わってくると思いますが、悩みを部下が話してくれたのだとすると、それは信頼されている証拠です。真摯に受け止めて、しっかりと話を聞き切って、上司自身の体験や考えも話しながら相互理解を深めていきましょう。

いずれにしても、**悩みというのは人間を大きくしてくれる糧になりますので、部下の成長にフォーカスしながら、寄り添う姿勢で臨んでください。**

## 4　家族や交友関係

家族に関することは、部下としても上司に知っておいてほしいケースも多いでしょう。たとえば、家族の誰かが病気をしたときには、働き方を考慮してほしい場面もあると思います。これは必要に迫られたケースですが、もっと関係が進んでいれば、「実は家族がある持病を抱えていて、それが発症した際は最悪休ませてもらうこともあるかもしれない」というレベルまで事前に対話でき、ことが起こったときの流れもスムーズにいくはずです。このように、お互いに開示が進むほど、安心感が生まれます。

同様に、仕事以外でどんな交友関係があるのかわかっていると、人としての部下を深く理解することができます。たとえば、「高校時代のクラスの友人とは一緒に旅行に行ったり、羽目を外したりする関係性で、大学時代のゼミの友人とはキャリアや将来について相談することが多い」などということを、雑談している中から見出します。こういったことを把握していると、「今、部下がどんな状態なのか」「どんなことを考えているか」を知るきっかっかけになります。もちろん、刑事の取り調べのように根掘り葉掘り聞くわけではありませんが、少し意図的に踏み込むこともできます。

「奥さんとの関係性はうまくいってるの？」

このようなことを聞ける間柄ならいいですが、今は問題になるケースでもあります。基本的に、**センシティブな内容に踏み込むときには、大雑把な質問を投げて、非言語の反応に注視します。**

「家の方は順調？」

こう聞いてみて、言葉に詰まるようでしたら、少し言葉を足してもいいかもしれません。基本的には相手のペースに任せますが、少しこちらからも質問して、反応をよく観察しましょう。このとき、**「差し支えなければ」「もし話した方が良さそうなら」などのクッションとなる言葉を入れるといいでしょう。**また、聞くばかりではなく、上司自身がオープンに家族の話をしていくことも呼び水になりますので、自己開示からまずはスタートするのもおすすめです。

いずれにしても、部下の周囲の状況を少しずつ知ることにより、部下に対する関心が自然に深まっていくことが一番大事なことだと考えます。

## 5　ライフワーク・副業

この項目は新しいテーマなので、少々紙幅を取って説明します。

ライフワークとは定義はさまざまありますが、ここでは「報酬がなくてもやりたいと思える取り組み」を指します。これは、趣味とも異なります。趣味は専門性を究めることではなく、余暇の楽しみです。

たとえば、温泉を余暇の楽しみとして趣味にしている人がいます。一方、温泉をライフワークにしている人には、テーマがあります。日本、はては世界各地に出かけて、その効能や泉質の違いなどを体験して調査する人もいます。そして、今の時代、このライフワークだったものが副業や事業になるケースが増えています。温泉でいえば、温泉ソムリエという収入に結びつくかもしれない資格が存在して2万人近い認定者がいます。このように、いずれ副業や事業につながるかもしれない部下のライフワークについて知っておくことは、今後非常に重要になります。

このような状況下、２０１8年1月に厚生労働省が「モデル就業規則」にて、副業を「原則禁止」から「原則容認」としました。また、２０２7年までには副業・兼業は自由に行うことができる社会を目指しています。政府は、従業員を１つの企業だけに縛るのではなく、働き方を多様化して、自分の身は自分で守れるようにすべきと考えているのです。まだ先と見るか、カウントダウンが始まっていると見るかは人それぞれですが、先進的な会社では副業解禁の動きが周知の通り始まっています。世の流れは、副業・兼業している従業員が当たり前になる方向に向かいつつあります。

これを行う企業側の意図としては、本業に相乗効果のある副業をしてもらうことで、従業員の能力向上につなげたい。もしくは、副業を行う中で、社外の人脈や情報やネットワークを有してもらってイノベーションを起こすなど、企業と従業員双方にメリットとなるようにしたい、という思惑があります。これらの意図を実現するためにも、従業員の副業や兼業について話をすることは今後、必要なことになるでしょう。

とはいえ、副業は基本プライベート情報（家族構成、出身）などと近しい情報ですので、部下にとっては、プライベート時間への会社の踏み込みとして、ハラスメントと捉えることもあるかもしれません。逆に部下のメリットとしては、会社の方針に反することをしていないと共有することで、安全な副業・兼業実施が可能になります。また、上司が副業を認めてくれた場合、本業と副業のバランスをトータルで理解してマネジメントしてくれることがメリットになります。

**部下に話をしてもらうためにも、上司のスタンスとしては、基本的にはすべてに対して肯定的に理解を示して対応しましょう。**また、上司自身もライフワークを持ち、上司からも話をすると部下も話しやすいでしょう。そうして、部下が話をしてくれたならば、ライフワークや副業をきっかけに、以下のようにさまざまな話を展開することが可能になります。

① 部下の価値観や考え方を深く理解することで、上司や組織との接点が把握できる
② 能力開発・強みの発掘などのパーソナリティの向上に寄与する
③ 将来キャリアを考える重要な材料になる
④ ライフワークでの考えや能力を、今の業務につなげて成果を出しやすくする

こうした話は、しっかりと対話する場を設けないとなかなかしづらいと思います。ですから、意図的に話をできる場を設けてすり合わせてみてください。**仕事も大事ですが、人**

**生において大事にしているものを受け入れて、自分の生き方を尊重してくれる会社や上司に、人は強い愛着を持つでしょう。**

このように、部下の成長に意識を向けながら、意図を持ってライフスタイルをすり合わせていきましょう。ライフスタイルは部下の長期的、持続的成長における土台になるボックスです。上司としては、少し踏み込みづらかったり、耳の痛い話を聞くこともあるかもしれません。ですが、ここを部下としっかりとすり合わせることができたならば、信頼関係が育まれ、何をするにもやりやすくなるでしょう。**スタンスとして部下の言動すべてに同意するわけではありませんが、全肯定で受け止めて、そこから対話を始めてみてください。**

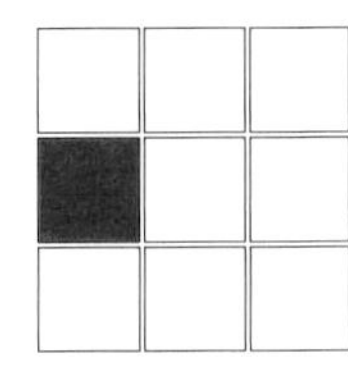

# パーソナリティボックス

## 対話型マネジャーは個を意識した関わりをする

パーソナリティとは、一般的にその人の持ち味を指します。個性、人柄、人格、個人の素質と環境との相互作用から形成され、人間の行動を規定するものです。非常に潜在的で内面的なものの印象です。一方で、その語源はラテン語の「ペルソナ」で、仮面を意味します。これは仮面のように、そのときそのときで外から求められる期待に応えることであり、表面的に見える顕在化された個の特徴ともいえます。

このようにパーソナリティという言葉は、ときに内面のことであり、ときに外面のことも指す非常に多義的な言葉なのですが、ここでは以下のように定義します。

**「先天的、後天的なものを含む、結果を出すために人が独自に保有している信念・能力・性格・思考・感情・行動についての特定パターン」**

少々長いですが、このパターンが強み・弱み、コンピテンシー（行動特性）などと表現されます。要するに、**その人が意識的、もしくは無意識的に保有している思考・感情・言動の傾向やパターンです。このパターンを自覚できると、同じ失敗を繰り返さないリスク管理や、再現性を持った成果の創出、意図的な成長に向けてのチャレンジが行えます。**

たとえば、あるマネジャーは、営業をしている部下と対話していて、どうやら分析と決断に長けているという認識を持ったそうです。なぜかというと、物事を曖昧にするのが嫌いで、そのために徹底的に調べ、白黒をはっきりさせることを好む傾向を対話の中から見出したからです。それから、調査系の仕事を任せるようになったら、素晴らしいパフォーマンスを上げるようになり、本人も自信がついて好循環が回るようになったそうです。

このように、部下のパーソナリティを理解した関わり方をすることで、強みを引き出したり、伸ばしたりすることができます。つまり、**個を意識したうえでの関わりができるよ**

**うになることが、対話型マネジャーの考えるべきことなのです。**

# パーソナリティの相互理解が部下の能力を開花させる

**パーソナリティについて対話をする目的は、パーソナリティの相互理解による成長促進です。**部下自身が自分の強みや弱みを自覚して、業務の中で発揮できる（もしくは表出しない）ように支援することで、成果とともにやりがいへとつなげていくことができます。

たとえば、部下が仕事を抱え込みがちで、それがボトルネックになってある業務が滞ってしまい、周囲からもクレームが出てしまったとします。これはパーソナリティが問題を引き起こしたケースです。しかし、この場合にも、パーソナリティの相互理解があると、解決への合意が速くなります。

**上司**「また出たね。〇〇さんの業務好き過ぎて離さないこのパターン」

**部下**「はい。そうですね。やっぱり抱え込みグセが出てきますね」
**上司**「これ、そろそろ変えていきたいね」
**部下**「そうですね。僕もそろそろ真剣に変えていきたいと思います」

このように、**部下のパーソナリティについてお互いの認識がすり合っていると、自分の変化に対してオープンでいられれ、新たな能力獲得へとつながっていきます**。そして、それがパフォーマンス向上に役立つのです。一方、パーソナリティがすり合っていないと、部下は無自覚に何度も同じ間違いを繰り返し、上司はその部下に対して「ダメなやつ」というレッテルを貼ってしまう恐れがあります。

また、部下の業務がうまくいっている場合にも、部下のどんなパーソナリティや能力が作用していたかを自覚できると、その後も再現性を持って業務を回していけます。さらに、部下の強みをお互いに理解していると、先述の分析と決断に長けた部下の事例のように、それを活かせる場を発見でき、能力をさらに開花させることが可能になります。このように、パーソナリティのすり合わせが、部下をさらなる成長へと導いていくのです。

しかし、強みのパーソナリティは、本人にとっては当たり前のこと過ぎて、自己認識していないことがよくあります。ですから、効果的に強みの認識をすり合わせるためには、日頃から「これが強みだね」と伝えてあげることが大切です。

また、客観視するためには、各種診断を用いることも効果的です。1人で受けてもいいですが、チームメンバーで受けるのも比較対象ができたり、補完し合う意識の醸成につながるのでおすすめします。

パーソナリティを知るための理論やツール（診断テストなど）はさまざまあります。個々の説明は省きますが、以下のようなものを活用しながら、強みや弱み、傾向パターンについて、すり合わせていくことは非常に有効です。

**パーソナリティを知るための理論やツールと主な運営元**

エニアグラム／NPO法人日本エニアグラム学会

エゴグラム（交流分析）／NPO法人日本交流分析協会

MBTI／一般社団法人 日本MBTI協会

DiSC®／HRD株式会社

ストレングスファインダー®／ギャラップ株式会社

FFS（Five Factors & Stress）理論／株式会社ヒューマンロジック研究所

ハーマンモデル／ハーマン・インターナショナル・グループ

# 対話の積み重ねが言葉を超えた相互認識をもたらす

診断系のツールもぜひ取り入れていただきたいとは思いますが、コストをかけずとも、上司としてまずは押さえておくべきパーソナリティを3つに絞ってお伝えします。

**① 強みと弱み**

**【質問例】**

「人と比べて**労力が少なくできてしまうこと**ってどんなこと（業務・分野）だと思う？」

「自分が**すごく注意しないとうまくできないこと**ってどんなこと（業務・分野）かな？」

**② モチベーション・スイッチ（大事にしていること）**

**【質問例】**

「どんなことを言われると**モチベーションが湧く**の？」

「自分の中から**エネルギーが湧いてくるとき**ってどういうとき？」

### ③ コンピテンシー（成果を継続的に上げられる行動特性）

**【質問例】**

「この半期で意識して行っていくコンピテンシーってどんなことがあるかな？」

「**発揮できるようになってきたコンピテンシー**って何があるだろう？」

ここでのポイントは、1つひとつを明確にすることよりも、こういったことをテーマに部下と2人で、「あーだこーだ」と継続的に話していく中で、その積み重ねにより相互認識が深まっていくことです。**対話を重ねると相互認識が言葉を超えたものになっていきます。**ややもすると、パーソナリティは言葉にし過ぎると、決めつけや固定化を助長して、誤解にもつながります。「あなたの弱みはこれだね。わかった」などと、言葉に束縛されないことも大事なのです。ですから、継続的に話をして、変化があったらそれも楽しみながら対話していってください。

# 弱みについてのすり合わせ例

それでは実際、どのようにパーソナリティのすり合わせを行っていくかを紹介します。今回は、考えることが得意で、行動が遅くなってしまう部下のケースです。

**このボックスの対話のポイントも、基本は「しゃべってもらうスキル」を活用しながら掘り下げていくことです。**とくに、第2章の結果をつくる人間の認知行動モデルを参照して、思考レベル、信念レベルのパターンをすり合わせましょう。**最後は、目的を確認してチャレンジングな行動計画を後押しできればベストです。**

**部下**「納期までに終わらないタスクがどうしても出てくるんです」

**上司**「そうだね。たしかに、その話がよく出てくるね」

**（顕在化している問題事象の共有）**

**部下**「ですね」

**上司**「これ、なんでだろうね？　他の仕事はできるのにね？　不思議だね」

**（不思議感）**

**上司**「これって、自分で分析するとどんな風になるかな？」

**部下**「いろいろ考えちゃって、当初考えていた時間の見積もりが甘くなるというか……」

**上司**「考えがいろいろ出てくるんだ。たとえば、どんなことを考えるの？」

**（思考が止まってしまったので、具体化により考えやすくする）**

**部下**「そのときによって違うんですけど……この前、優先順位を大事にしようと思って取り組んでたんです。で、わからないことが出てきて、わからないからとりあえず後回しにしちゃったんですよね。その方が速く進むと思ったんです。それで、飛ばしたところがそのまま終わってなくて、結局周りに迷惑をかけてしまったんです」

**上司**「なるほど、明確じゃないものを後回しにする傾向があるのかな？」

**（整理の返し）**

**部下**「そうですね。あ、あと、明確といえばゴールまでの道筋も見えないと走れないっていうのもありますね」

**上司**「たしかに、そういうところあるね。さっきのと似てるね。結局、見えてないと止まっちゃうと」

**部下**「そうですね」

**上司**「いいね。道筋が見えていれば走れるということだね。じゃあ逆に、道筋が見えてたのに終わらなかったってことはないってこと？」

**（反転により肯定表現に切り替える）**

**部下**「いや、それでいうとありますね。うーん、そのときはやりたいことから取り組んでしまってたと思います」

**上司**「やりたいことからかー。明確でやりやすいことからではなく？」

**部下**「そうですね。やりやすさというよりは、私はやっぱり好きなこととか興味あることにこだわるので、一見難しそうでも、そのとき興味あることを優先して考えちゃうことがありますね」

**上司**「なるほど。興味あることだったら、明確じゃなくても取り組む傾向があると。そのときはどういうことだったの？」

**（整理の返し）**

（中略）

**上司**「今回の話で、タスクが期日通りに終わらない原因として、不明確なことがあると後回しにするパターンと、興味優先で動いちゃうっていうパターンが見出せたね。**これを自覚したうえで、今後どんなアクションが取れるかな？**」

**（「意識していく」や「気をつけていく」という心がけで終わらせず、必ずアクションに転化）**

**部下**「そうですね。不明確なことがあるときには、○○さんや関係者にすぐ聞きにいくようにします。後でやるのではなく、先に聞くということで。興味あることから着手してしまうのは、全体観を見たうえで問題なければそのまま強みにもなるので、いいのかなと思います。わからないときに、興味のある方に逃げちゃってる部分もあると思うので、まずはわからないことをそのままにせずに、聞きに行く動きを徹底したいと思います」

**（アクションの決定）**

**上司**「いいね。わからないことは、すぐに聞きに動くということだね。ちなみに**これを実行していくうえで障害とか妨げになることとってあるかな？**　人とか自分自身の考えとかでもいいよ」

**（イメージづけとリスクの想定）**

**部下**「わからないことの線引きですね。そうはいっても何でもかんでも質問するのではなく、自分で調べたり考えたりする必要がありますので」

上司「たしかにね。どうしようか？　線引き。何かアイデアあるかな？」
部下「じゃあ、聞きに行くときは『自分で一応検索して調べてみたんですけど』という言葉とセットにするというのはどうでしょうか？」
上司「いいね。最高だね！　そうしよう。実際にできるイメージはつくかな？」
部下「はい、かなりイメージ湧きました」
上司「いいね。**僕がサポートできることはあるかな？**」——**（支援の申し出）**
部下「次回、またその後の話を聞いてください」
上司「ＯＫです」

このように、部下の弱みになるパーソナリティパターン（例では考え過ぎで行動が遅くなる）がすり合わされることで、今後うまくいかないときに、「あのパターンが出てるね」とお互いに前提がすり合い、建設的なＨｏｗにすぐに取り組めます。

さらに、「不明点を人に聞きに行く」という行動を意識づけることで、新たな能力が開発されます。これにより、成果への達成可能性が高まる、スピードが速まるなど、パフォーマンスも向上していくのです。

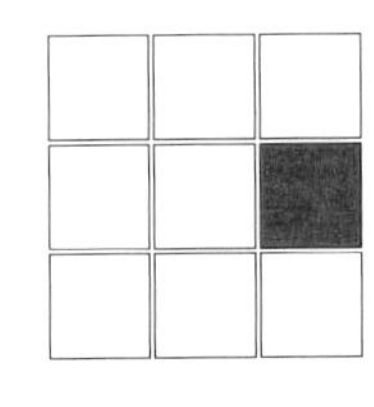

# 将来キャリアボックス

## 「勘違い退職」という悲劇

「将来キャリア」ボックスでは、部下の考える将来キャリアを明確にするサポートを上司が行い、お互いに認識をすり合わせます。それに、社内でのキャリアや現状の業務とをつなげて、不安の解消やパフォーマンス向上、成長加速を狙います。

実際、キャリアの話をする機会を設けている会社は多いと思います。年に1～2回、キャリア面談がなされ今後の方向性を確認したりしています。にもかかわらず起こる**最大の悲劇が、上辺のすり合わせによって起こる「勘違い退職」です。深いすり合わせができていないことから、本当はやれる余地があるのに、部下はやりたいことは自社ではできな**

**いと勝手に勘違いをして、転職してしまうケースです。**これは、上司にとっても会社にとっても、また部下にとっても非常に悔しいことです。

たとえば、以前こんなケースがありました。ある会社で、早く管理職に出世したいNさんという方がいらっしゃいました。小さなチームでもいいので、キャリアステップとして早くマネジメント業務を経験したかったのです。しかし、Nさんの上司Sさんは7年間役職が変わらずそのポジションにいて、組織が硬直化していました。そんな状況に対してSさんの上司の事業部長は、新しくできる部門にSさんを異動させ、Sさんの後釜としてNさんをマネジャーにしようと考えていました。

しかし、ちょうどそのタイミングで、Nさんは業を煮やして新しい会社を決めて転職してしまったのです。退職の意思を事業部長に告げたときには、引き返せない状態になっていました。Nさんは、会社のことがとても好きだっただけに、とても残念で悔しい気持ちでした。「だったら、早く言ってよ」という気持ちでした。

会社は、Nさんがマネジャーになりたい意向を聞けていなかったわけではありませんでした。ですが、その温度感は確実にNさんと上司であるSさんですり合っていませんでした。もし、もう少しNさんの温度感がSさんに伝わって対話する機会があれば、事業部長との話ももっと早くできていたかもしれません。

このように、組織の中での意思疎通がかみ合わずに、勘違いや行き違いによる離職が起こること以上に悔しいことはありません。それを防ぐにはどうしたらよいのでしょうか。

## 部下の将来を考え、現在を明確にする

次のページの図6-2のように、先に行けばいくほど可能性は末広がりになっていきます。若ければ若いほど可能性に満ち溢れている分ワクワクする人もいれば、不確実性が高く、不安になる人もいます。

つまり、個々で将来のとらえ方は変わりますので、実際にどのように考えているのか、まずは10年以上先のキャリアを確認していきます。**ここでのポイントは、将来キャリアを社内に限定して考えないことです。**まずは、部下個人としての将来の可能性を、最大限見出していくことに全力を尽くします。言い方を変えると、心の中では、5年後10年後はもはや会社にいるかどうかはわからない前提で対話を進めていきます。

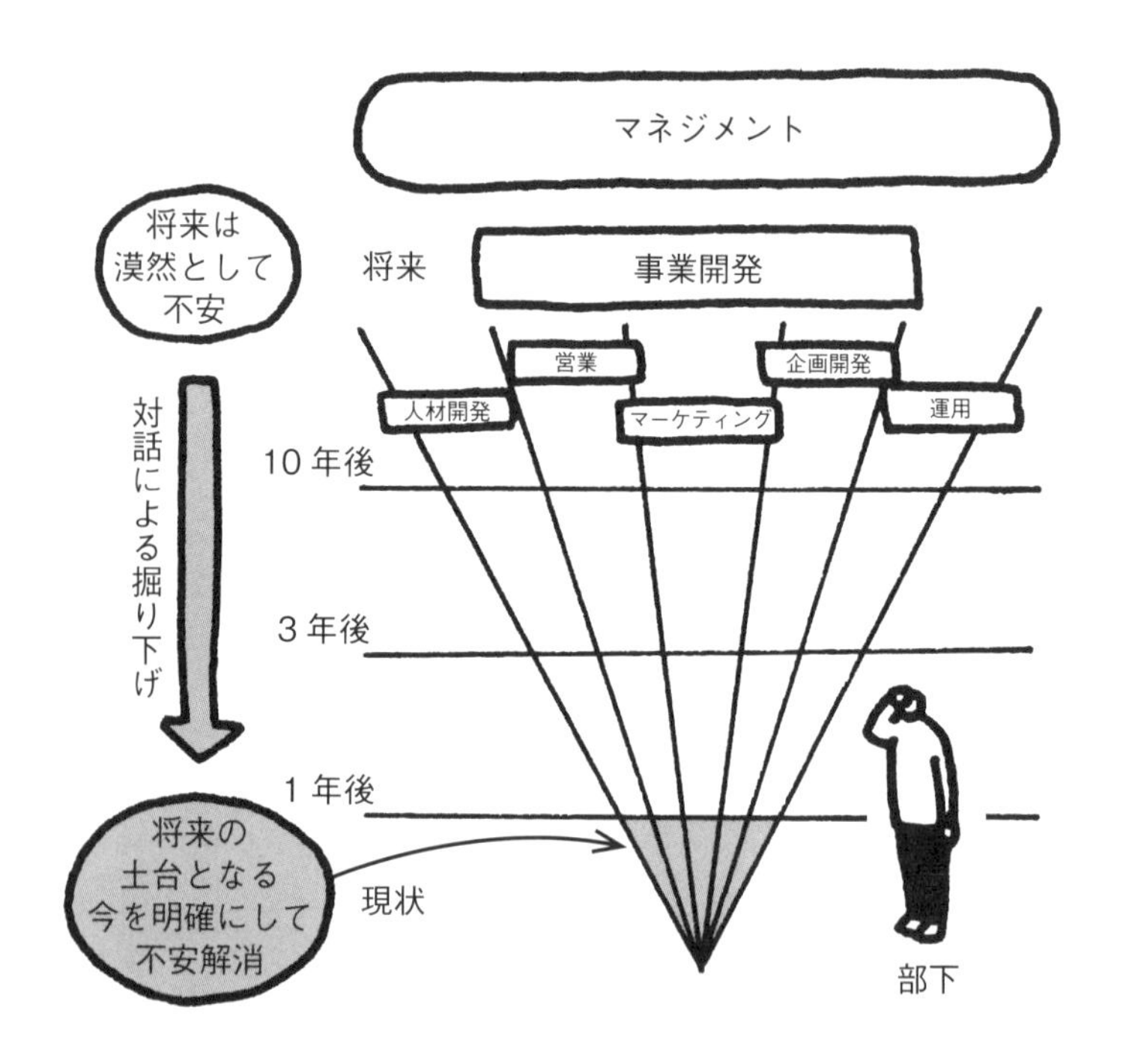
マネジメント
将来は
漠然として
不安
将来
事業開発
営業
企画開発
人材開発
マーケティング
運用
10年後
対話による掘り下げ
3年後
1年後
将来の
土台となる
今を明確にして
不安解消
現状
部下

次に、**個人の考えを尊重しつつも、会社のスタンスや会社の将来の可能性を示し、すり合わせを行っていきます。**そして、10年後というかなり先の話から、だんだん下がって2〜3年後くらいの想像のつくレベルの話をしていきます。2〜3年で自社で経験しておきたい業務や働きたい部門、身につけるべき能力などを洗い出します。

さらに、2〜3年以内に経験したい業務や部門で仕事ができるようになるために、今の業務ですべきことへとつなげていきます。このような経緯を経て、結果として今の業務に集中して取り組めるようになることが大事です。

**部下**「10年後には、新規事業開発をやっていきたいと思っています。対象としては、企業向けというよりは、一般消費者向けの事業をやってみたいです。うちの会社の事業は企業向けばかりですよね」

**上司**「たしかに、うちの会社の今見えてる世界ではそうだね。ただ、会社の方針を見ていったときに、消費者層の中でも、たとえば富裕層向けとかは可能性があるんじゃないかと思うよ。それは、○○くんが成長していって、新しい事業として先頭を切ってやっていく可能性はあるよね。その辺の将来可能性について僕も□□部長と話してみるよ」

上司「ちなみに、新規事業開発ができる人になるために、**今の業務のどんなところを積み上げていくといいと思う？**」——**（将来と現在をつなげていく質問）**

部下「いろいろあると思いますが、今担当しているクライアント先のことをもっと理解したいと思いました。単に自社サービスを提供するだけではなく、クライアントの事業について深く理解していくことで、事業をもっと知ることができますし、契約ももっと取れると思います」

上司「それはグッドアイデアだね」

部下「はい。それで、3年後くらいには企画開発部で仕事したいな、と思います」

上司「いいと思うよ。そこにつながるために今できることって何か考えてる？」

部下「そこがまだわかっていないので、今度企画開発部の先輩にヒアリングしにいきたいと思います」

上司「いいね。その際、今の業務の延長でできることと、新たに行った方がいいこと、この2点についてぜひ聞いてきてほしいな」——**（今の業務への集中と新たなモチベーション手段の獲得）**

部下「わかりました。また次回ヒアリングして考えたことを共有させてください」

# 上司はアドバイザーではなく、カウンセラーのスタンスで

部下のキャリアをすり合わせる際に、覚えておいてほしいポイントが2つあります。

1つ目は、**上司はキャリアを上手に指南するアドバイザーではなく、まずはカウンセラーのように相談に乗るスタンスを意識してほしいということ**です。なぜなら、うまくやろうという意識が強くなるとプレッシャーになり、キャリアの話に対して苦手意識を持ってしまうからです。実際、マネジメント現場において、このような話を耳にします。

「将来がどうなるか自分でもわからないので、部下に教えることなどできない」
「自分のスキルが足りず、うまく将来キャリアを描かせることができない」

自分もわからないので教えることなどできないと悩んでしまうのです。そのように、苦手意識を持ってキャリアの話を避けていると、部下はあるとき、方々から聞こえてくる情

報に翻弄されてしまいます。「どうやらA社に転職したら、年収が100万上がるらしい」などと自社と天秤にかけ始めるのです。

こういう状態のときに、相談に乗ることができる関係性や場が重要です。このとき**部下が望んでいるのは、「揺れている状態を肯定してもらい、安心したい」ということ**だからです。やりたいことがわからない部下に対して、うまくキャリアを描いてもらえるようなスキルがあるに越したことはありませんが、**それ以上に大事なのは将来の可能性を一緒に考えること、信頼関係を築くことなのです。**「私もそうだった」と、まずは肯定することの方が大事なのです。そのうえで、一緒にアイデアを出し合って考えていくのです。

2つ目は、**部下の将来キャリアを定期的（月1回〜3ヵ月1回）に確認すること**です。なぜなら、一度将来のキャリアを聞くと、「部下はこれがやりたいんだ」という固定観念が生まれ、しばらく話を聞こうとしない人が多いからです。しかし、ここに落とし穴があります。**「人間のやりたいことはコロコロ変わることがある」**のです。1ヵ月経てば、さまざまな経験や出会いから、部下も見える世界が変わる可能性があります。それまでキャリアを考えるうえで前提としていたものも変わるかもしれません。ですから、3ヵ月前に将来キャリアの話をしていたとしても、繰り返し聞いてほしいのです。

「前回、新規事業をやりたいっていう話だったけど、**あれから変化したことってあるか**

**な？」**——それで変わっていなければ、その確認が取れてお互いに安心感があります。また、変化や進捗があればまたすり合わせることが可能です。このように、定期的にキャリアについてもすり合わせを行わないと、急な部下の変化を理解できずに、突然の離職を招くなどということにもなりかねないのです。

## キャリアを意識することで今の取り組みが変わる

**将来キャリアについて対話する一番の目的は、誤解を恐れずに言えば、将来像を明確にすることではありません。それを材料に、今の業務や組織に意味を見出し、不安を解消して、今に充実感を得ることです。**

ですから、極論を言うと、もし部下が「この会社では先が見えない、もしくは憧れる先輩がいない」など、会社にいる未来を悲観的に見ていたとしてもいいのです。その現状を自分がどう変えていけるか？——自分のキャリアをつくっていくために、今自分は何をすべきかと考えられるように、上司はサポートしてほしいのです。

以前、キャリアについての相談を受けた人から、こんな話をうかがいました。

「将来のキャリアを上司に聞かれて、事業責任者として組織をつくれる人になっていきたいと答えました。それを目指すためにどうするかという話をいろいろして、自分の中で業務の取り組みへの変化がありました。それは、『業務をただこなす』という視点から、『業務というのは、お客様と周囲からの信頼を得るための手段』なのだと気づいたからです。つまりキャリアを意識することで、普段の業務スタイルが変わってきました。短期的な数字だけではなく、中長期のお客様や周囲との関係性を意識できるようになりました」

**このような意識で仕事を積み重ねていくと、信頼がさらに大きな仕事をもたらしてくれます。すると、自分の裁量や業務のスケールも大きくなり、仕事がさらに面白くなってきます。そして、そこから新たな将来キャリアが開けてくるのです。**

このように、部下が真に自分からキャリアを築いていくための第一歩として、将来キャリアの対話を行っていってください。

# 第7章

# 「何を(What)」「どう(How)」すり合わせるか

## ――組織レベル

## エンゲージメントはどうつくられるのか

組織レベルの対話の場は、経営の考えを組織の隅々にまで行き渡らせる非常に重要なコミュニケーション・インフラです。**このコミュニケーション・インフラを組織の中に有するかどうかは、今後の企業競争力の大きな源泉になるでしょう**。なぜなら、組織の中で対話を当たり前にしていくまでには大きな労力を要するからです。しかし、だからこそ、それが優位性になります。とくに商品やサービス自体に大きな違いをつくりづらい業種や業態は、組織力を高めていくことが他社との差別化につながります。

近年、組織をつくっていくうえで「従業員エンゲージメント」の重要性が叫ばれています。一般に、従業員エンゲージメントの高い企業には、以下のような傾向があることが、研究から明らかになっています。

- 顧客満足度が高まる

- 売上、利益の伸長率が高い
- 高い生産性を上げ、品質の向上につながる
- 離職率が下がる

『組織の未来はエンゲージメントで決まる』（新居佳英、松林博文著、英治出版）によると従業員エンゲージメントとは、「組織や職務との関係性に基づく自主的貢献意欲」と定義されています。

私なりに解釈すると、まず自主的貢献意欲とは、他者に対して「やってあげている」、あるいは他者から「やらされている」というような感覚ではなく、自分事として「やりたいからやっている」と感じられることだと思います。言い換えると、自分のやりたいことや進む方向が組織のそれとシンクロしていて働きがいを感じられている状態です。

そして、**そういう認識を持つためには、組織と組織に所属している人についての深い理解に基づく共感が必要です。**これには段階があります。まずは、知識や情報として頭で知っている、「知ってます」レベルの理解。次に腹に落ちて深く理解している、「よくわかります」レベルの理解。さらに、自分の考えや経験とつながり共感に達する、「私もそれが言いたかったんです」レベルの感覚です。

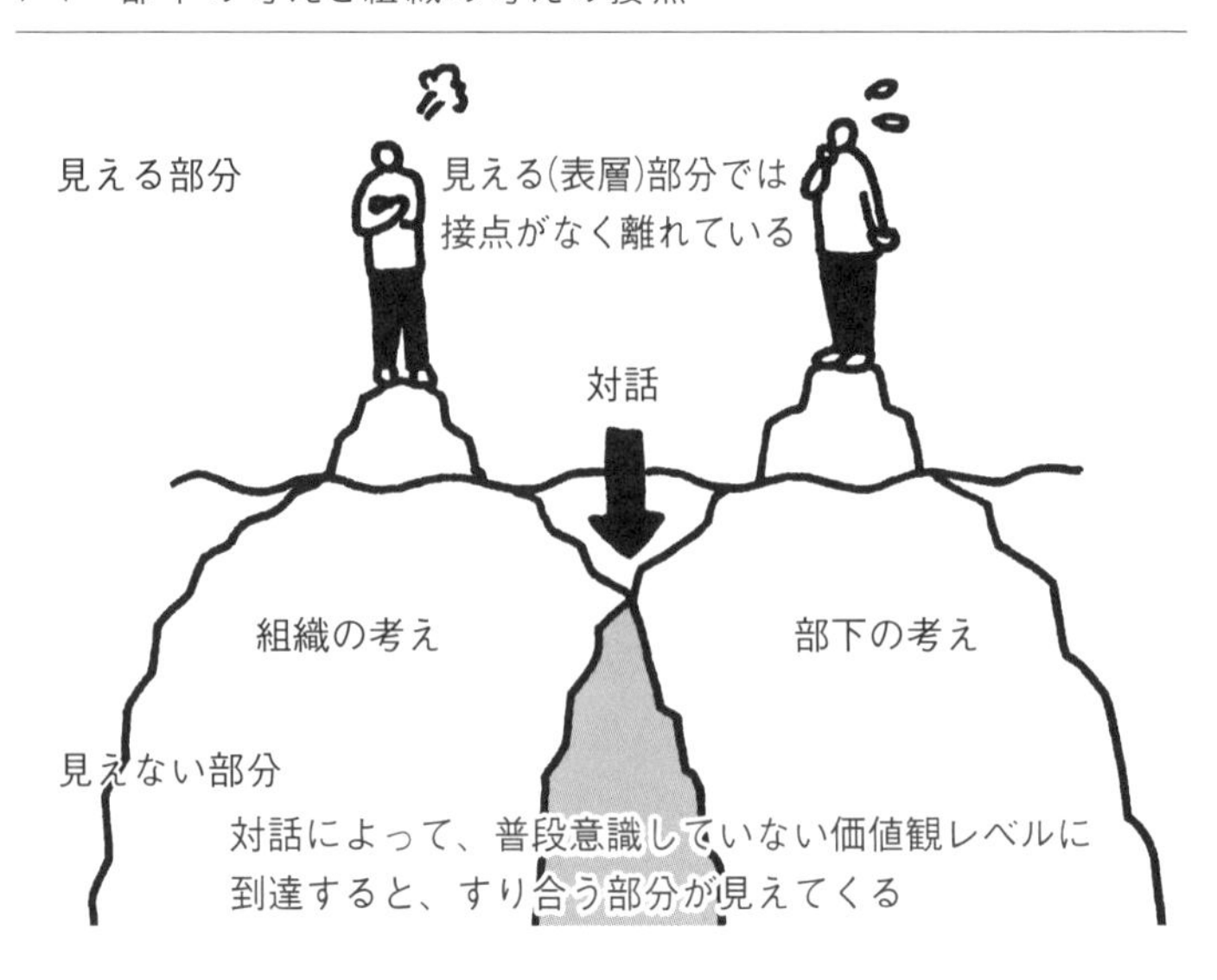


これは言い換えれば、図7-1のように組織の考えと部下の考えが対話によってすり合っていくプロセスです。そしてすり合うためには、第5章、第6章で見てきたように**「部下自身の考えを深く理解すること」**と、本章で扱う**「部下が組織に関することを深い理解をすること」**がセットで必要になります。**対話によってそれらが合わさり、共感が生まれると、部下のエンゲージメントは向上していきます。**まさに、これが組織レベルで必要な対話なのです。

組織レベルの各ボックスはそれぞれ対話するポイントがあります。まず、「理念・制度・カルチャー」では、過去からつくられてきた組織の思想が、今の組織の諸制度へと深く結びつけられるように。「人間関係」では、現在の組織のメンバーの深い理解を通して、良好な関係や広い視野を持てるように。そして「組織方針」では、今後の組織の方向性についての情報理解を通じて、組織と部下の業務成果や成長とのつながりが感じられるように対話していきます。このような組織レベルの各ボックスの諸認識のすり合わせは、部下の働きがい向上に大きく寄与していくはずです。

それでは1つひとつのボックスを見ていきましょう。

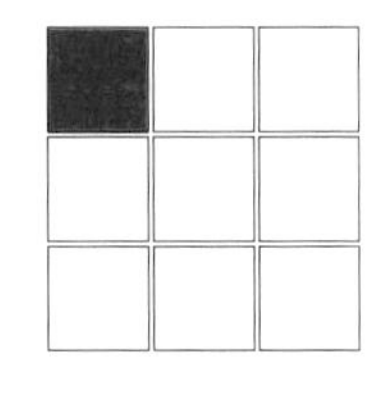

# 理念・制度・カルチャーボックス

## 会社のことを知らなくなった従業員

「理念・制度・カルチャー」のボックスでは、過去につくり上げられてきた理念や諸制度、カルチャーとして感じられる習慣など、組織が大事にしていることの深い理解を通して、部下自身とのつながりを感じてもらい、働きがいの向上を狙います。

そもそも、現在、従業員は会社や組織についての話をどこで行っているのでしょうか。ひと昔前は、いわゆる「飲みニケーション」で、冗談や冷やかしも交えながら話されることが多かったと思います。ですがその機会もどんどん減っています。

それでは今、働いている中で、過去にこの組織にいた人の話や、今ある制度の経緯について話す機会はあるでしょうか。ルールや制度というものは、何の疑問も持たず以前からある「当たり前のもの」として運用されていくのが常です。もしくは、今とマッチしてないということで、新しいものへと変えられていきます。当初どのようにこの制度ができたのかを知っている生き字引のような人はごくわずかでしょう。**そうしてだんだん、組織の過去の話が継承されなくなっていきます。**

このように組織内での人間関係が希薄になっていくとともに、組織と従業員の関係も希薄化、つまり知っていることが少なくなっています。この状況を私は、そこに「愛や関心」がないからだと思っています。今の組織にいるのは、ただ都合がいいからいるだけという人も少なくないでしょう。愛や関心があれば、会社の成り立ちから変遷まで知りたいと思うのも自然でしょう。一方で、実は逆から考える方が真ではないかとも思います。**知らないから愛や関心が持てないのです。だからこそ、従業員が、自分が所属する組織について知る、理解する場を意図的に設けることが必要だと思うのです。**

# 理念の浸透は仕組み化する必要がある

一般的に、会社を深く知ろうと思ったら、根幹となる存在意義や目指すところは、企業理念や価値観などに集約されています。そこで、多くの組織が内部に経営理念を浸透させて、皆を同じベクトルで進んでいくようにしていきたいと思っています。

2013年にHR総合調査研究所が行った調査によると、「社員への理念の浸透は必要か」という問いに対して、98%（「やや思う」を含む）の企業が重要だとの認識を持っていました。残り2%も「わからない」の回答であり、つまり否定的な企業は皆無でした。一方「理念は浸透しているか」という問いには、浸透していると認識する企業はわずか6%。「やや浸透している」を合わせても4割強で、思うように理念浸透は進んでいないようです。現在でも実態は変わらないどころか、働き方改革などの社会変化で、さらに希薄化が進んでいると推測します。

では、うまく理念浸透を図っている会社は、どのようなアプローチを行っているのでしょうか。よく言われるのが、社内でのポスターや社内イントラへの掲示、理念を書いたカードの配布などです。ほかにも、定期的なアンケートと研修の実施、表彰制度によって組織の価値観を体現した人にスポットを当てるなどの施策、さらには経営層との交流会や理念についての映像を全従業員が視聴するなどがあります。なかには、朝礼で理念や価値観を唱和している会社もまだ存在しています。

このようにさまざまな施策がありますが、**私が効果的だと感じているのは、評価制度への組み込みと対話の機会の創出です。両者に共通するのは、日常で繰り返し行われる仕組みになっていることです。**たとえば、私がフェローとして人事アドバイザーを務めているVOYAGE GROUP社では、「クリード」という従業員が大切にする8つの価値観がありますこの8つの価値観について、半期に一度の評価査定時に、CCFB（クリード・コンピテンシー・フィードバック）という360度フィードバックが行われます。

この制度の効果は、自分の言動がフィードバックされること以上に、実は他の人のフィードバックをすることにこそあるのです。平均4〜5人に対して、クリードに基づいたフィードバックを行うのですが、そうすると、自然に何度もクリードについて考えます。さらに、価値観という概念的で抽象的なものを、相手の具体的で生きた言動と照らし合わせて何度も考え、自分の言葉で伝えることになるのです。つまり、**このプロセスを踏むこ**

**とで、自然に組織が大事にしているものが自身の血肉となっていく**のです。

そして、最後にそのフィードバック結果を元に上司と部下で評価の対話を行います。そうすることで、より一層会社が求めていることを、納得感を持って理解できて体現していけるのです。VOYAGE GROUP社では、このようなさまざまな試みがなされ、Great Place to Work® Institute Japanによる「働きがいのある会社」中規模部門で2015年から3年間連続で1位となりました。

またほかにも、私がかかわるあるベンチャー企業では、理念や制度についての浸透をとても大切にしており、毎月の1on1ミーティングにおいて、上司は必ずその話をするように決められています。その意図は、環境変化が速い中で、経営の意思決定への納得度を高めるためです。**会社がこれからどんな仕事を始めるのか、集中するのか、捨てるのかという意思決定に対しての共感度合いを高めて、すぐに動けるようにしています。**もちろん、部下自身の意思決定のスピードが上がることもメリットです。

# 組織制度には会社の哲学が詰まっている

そうはいっても、具体的にどんな話をしていけばいいのでしょうか。いきなり、経営理念の話を部下にしても、引かれてしまうかもしれません。**そこでお伝えしたいのが、既存の制度からの組織理解と、組織をつくってきた人からの組織理解を深めていくアプローチです。**

まずは、既存の制度についてです。なぜ制度の話をするかというと、**組織の制度には、その組織の考え方や哲学が反映されている**からです。その成り立ちを知ることは、その組織の考えを知ることになり、部下の組織理解度を高めることができるのです。

私がこれについて考えるときに思い浮かぶのが、新卒採用のときにその企業の顔として抜擢されるリクルーターです。彼らは、所属する会社との考え方が一致しているので、学生からの質問に対し、会社の考えをあたかも自分のことのように話すことができるのです。学生から「御社の25%ルールという制度はどうしてできたんですか?」という質問に対して、こうストーリーを語るのです。

「これは2年前にできた制度で、うちの会社を象徴する制度だな、と僕自身思うんです。当時、Google社で20%ルールっていうのがあって、それに触発されたものなんですね。その頃、会社の成長が少し鈍化していて、もう一段皆の能力レベルを上げていこうという方針が取られたんです。そこで、就業時間の25%は中長期的なことを仕込む時間に充てるという制度ができたんです。もちろん、中長期の成果につながる個人の勉強に充ててもいいんです。当時の人事部長の発案だったんですが、すぐに採用されました。こんな風に、うちの会社は意思決定が早く、社員が能力を高めていくことを奨励し、支援してくれます。会社の考えとして、もし会社がなくなっても、社員がどこでも通用する力をつけさせることが、会社の使命だって思っているので、それを象徴している制度だな、って僕は思ってます」

こんな風に語り部となり、組織の考え方やその変遷、組織内にどんな人がいるのかなどを伝えるのです。

## あなたは組織の評価制度の変遷を知っているか

これを社内で上司も行うのです。たとえば評価制度について、あなたは自分の所属する組織の評価制度の成り立ちや変遷を知っているでしょうか。

長い年月の中で、評価制度が改定されてきた組織は多いと思います。そのときは、改定するだけの理由があり、思いもあったはずです。おそらく評価制度改定の説明会が開かれ、さらに小グループに分かれて質疑を含めたワークショップを開いたところもあるかもしれません。その後、仕組み化された組織では、新任管理職や評価者に対して同じ説明が継承されていきます。

しかし、**残念ながらだんだんと評価が改定された背景やその変遷、思いは共有されなくなり、新任管理者に評価の運用の仕方や、やり方の説明のみがなされるようになっていくのです。**かくして、制度にあった思いが切り離されていき、組織と個人のベクトルは離れていくのです。

そうならないために、たとえば評価制度において会社が大切にしていることを、このように話します。

「今ある評価制度は、過去10年の間に3回改定がなされてきました。急激な人員の増加によるグレードの増設や、職種の増加で実態に合わなくなる度に変えてきたのですが、評価軸とその割合については過去10年間変わっていません。つまり、成果：能力が1：1の割合なのです。ここは会社としての強いこだわりがあって、短期的な成果だけで判断しない、**本質的な能力の蓄積が重要という10年変わらないメッセージなのです**」

変わらないものであっても、今、当たり前のようにある制度やルールも、過去の変遷を交えて説明されるとその背景にある思いが伝わってきます。**大事なことは、その思いを継承していくことです**。

その他、以前はあったが今はもうなくなった制度やルールができた理由と、なくなった理由を材料に対話を行うこともおすすめです。それらを振り返ることで、上司と部下お互いに新たなインスピレーションが湧くきっかけになるかもしれません。

たとえば、「以前は社員旅行があったが、人数の増加で来れない人も出てきたので廃止。

社員旅行の目的だった一体感の醸成は、年2回の半期表彰パーティーに引き継がれた」ということを対話できていると、半期の表彰パーティーの目的や成り立ちが深く理解できて、運営に携わるときも参加者のときにも、臨む意識が変わってくるでしょう。

## 組織をつくってきた人から組織を理解する

現在の組織のカルチャーを形づくってきたのは、今まで組織に属していた人のさまざまな活動です。その中でも、**その時々で組織を象徴するような人が、どの組織にも存在していたと思います。そのような存在を今に伝えていくことが、その組織に所属する誇りになることがあります。**

たとえるならば、日本という国をつくってきた昔の偉人について詳しく知ることで、今の日本にいることを誇りに思ったり、逆に今のままではいけないと発奮する動機になったりすることと似ています。

私自身も似たような経験があります。まだ社会人2年目のときに、スウェーデンの生命保険会社に勤めていました。日本に上陸したばかりのスタートアップ時期でしたので、各方面から面白い人たちが集まっていました。しかし、私が入社した頃にはすでにいなくなっていた人もいました。その中で、以前在籍していたIさんという取締役の方についての話を、多くの人から耳にしました。当時は1990年代後半で、ちょうど金融ビッグバンという保険と銀行と証券の垣根がなくなっていく激動のとき。その当時のIさんの活躍ぶりをよく聞かされたのです。

「以前、Iさんっていう超優秀な金融のプロがいて、保険会社でやっていることの概念をものすごく変えてくれたんだよね」

「東大出身で頭が良くて、時間を無駄にしない人だったんだよ」

「『僕のことは、ランチに誘わないでください』と言って、ランチの時間は読書の時間に充てて、1日に1冊本を読んでいたんだよ」

「Iさんがいた頃は、Iさん中心にたくさん社内改革が行われてて活気があったけど、今はスピードが落ちているな。もっとがんばらないとね」

それから、私はIさんにとても興味を持ちました。Iさんが講義をしているビデオが会社に保管されていることを知ると、それをむさぼるように見たものです。とても聡明な人で、後にお会いすることができたのですが、そういった人がつくってきた会社に改めて誇りと感謝を持ちました。

今の時代、過去会社にいた人の話や、理念・制度の話などは、少し堅苦しく思われて、なかなか話をしづらいかもしれません。上司との対話よりも、入社時の研修という制度の枠組みの中で伝えていく方が効率的だと考える人もいるでしょう。

しかしながら、**このボックスの肝は、上司がこれを語れることにあります。重要なのは「継承」です。**今、組織では古株の従業員が辞めたり、新卒が採れない年があって世代が分断していたりと、情報やストーリーの継承が行われていないことが大きな課題になりつつあります。それによって共通言語が少なくなり、その会社らしさ・カルチャーが曖昧になってアイデンティティが欠如していっているのです。ですから、上司が理念や制度、所属していた人物などを通じて語り、対話していくことで、それが上司自身の成長と部下のエンゲージメント向上につながっていくのです。

# うさん臭さを消すには文脈とタイミングがすべて

こういった組織レベルの対話を進めていく中で、注意することがあります。それは、**部下がそこにメリットを感じないと、うさん臭さと説教臭さを感じてしまうこと**です。

なぜなら、業務レベルや個人レベルの事柄は、部下自身のことなので向き合う意味も感じやすいのですが、組織レベルの事柄は自分とは関係のないことと認識してしまう可能性が高いのです。もちろん、組織の中のすべてを把握する必要はありません。そういう意味では、**このボックスはすべての部下に等しく話すものではありません**。あくまで部下の状態や環境のタイミングを見計らって、**この話が部下にとって大事だという文脈の必然性を持って話すことがポイントになります**。

以下は、理念・制度・カルチャー等の対話をする必然性のあるタイミングです。このような機会に、以下の質問項目を参考に意図的にこのボックスの対話をしてみてください。

**① 入社時や入社経緯などを聞くタイミング**

**【質問例】**

「仕事するうえでどんなことを大事にしているの？」

「うちの会社の存在意義って何だと思う？」

**＊個人のＷｈｙ（価値観）と組織のＷｈｙ（目指すもの）のすり合わせ**

**② 部下が新しく自部署に異動、もしくは配属されたタイミング**

**【質問例】**

「今までうちの部署がどんなことをやってきて、何を大事にしてきたかというと……」

「うちの部署にいる人の特徴は……」

**＊自部署の歴史や大事にしてきたこと、所属している人の特徴などのすり合わせ**

**③ 既存の制度やルールについて触れるタイミング**

**【質問例】**

「そもそも、この制度ができた背景って聞いたことあるかな？」

「会社が重点を置いている制度って何だと思う？」

**＊それぞれの制度やルールのすり合わせ**

**④ 組織の歴史について触れるタイミング**

**【質問例】**

「以前も同じように、なくなった事業があったんだけど聞いたことあるかな？」

「今回、組織体制が変わったけど、実は3年前の体制に戻ってるんだ」

**＊事業やサービス、組織構造、人の入れ替わりなど変化があるときのすり合わせ**

**⑤ 評価について考えるタイミング**

**【質問例】**

「今の評価制度でうちの会社が大事にしているポイントって何かわかる？」

「どうしたら評価されるのか、社内で評価されている人の事例を考えてみようか？」

**＊評価制度のポイントとその活用方法のすり合わせ**

# 自部署に異動してきた部下との対話例

**部下**「うちの人事って他の会社と比べて変わったところあるんですか？」

**上司**「一般的に人事って労務とか総務部門と一緒になっている会社って多いんだよね。最近はちょっと変わってきているけど、うちはもう10年以上前から、人事の仕事は労務や総務とは分けているんだ」

**（10年という昔からの変遷を伝える）**

**部下**「何でですか？」

**上司**「良い質問だね。守りというよりは攻めの人事っていうか、どんどんこちらから現場に出向いていって、関係性をつくっていくことが重要だと考えているんだ。というのは、人事が大事にしている考え方があって、それは経営と現場をつなげていくことなんだ」

**（部署として大事にしている考え方を共有）**

**部下**「経営の意見を現場に伝えていくっていうことですか？」

上司「そう、それ。**何か思ったこととか引っかかったところってある？**」

**（話を引き出しながら、双方向を意識）**

部下「自分で出向いていくっていうのは、すごい共感できるなって思いました。それに、人事ってそういうこと考えてやってたんだってちょっとびっくりしました」

上司「おぉ、そう言ってもらえて嬉しいよ。**実は、これは本当に大切にしているところなんだ**」

部下「そうなんですか」

上司「そう。**昔、Gさんっていう部長がいて**、その人は攻めの人だったんだけど、労務とか総務が苦手でそこにすごく時間取られていた。そこで、『これは生産的ではない。苦手なことで時間をつくるのは駄目だ。強みを活かす組織をつくろう』と言い始めて、経営にも事あるごとに言ってたんだ。だから配置転換もその考えが反映されているでしょ」

**（社内組織上の人物を無理のない形で紹介）**

部下「たしかに」

上司「あと評価制度も、減点法より加点法の思想で、強みが発揮された事例を書いてくださいっていう形になっているのもそう」

**部下**「なるほど！」

**上司**「そうすることで、お互いが認め合える風土をつくっていってるんだよね」

**部下**「そうだったんですね。**めちゃめちゃ腹に落ちました**」——**（深い理解による共感）**

**上司**「それで、こういう会社の思想を現場に根づかせるために、現場に近いところで信頼関係をつくっているんだ」

**部下**「いいですね。早くいろいろ動きたいです」

このように、過去からのプロセスをすり合わせていくことで、理念・制度・カルチャーの深い理解と共感がなされていきます。そうすることが、従業員エンゲージメントの向上に寄与して、組織で働くことの誇りをもたらしてくれるのです。

もちろん、会社の過去のことを知らないマネジャーもたくさんいるでしょう。また制度のことも、いまさら聞けないと思う人もいるかもしれません。しかし、**だからこそ知らないことを材料にして、マネジャーは自分の上司やさらに上席の人と1on1などの対話の機会を持っていくのです。聞く側は恥ずかしく思うこともあるかもしれませんが、聞かれた方は嬉しいものです。**知っていれば喜々として話をしてくれるでしょう。

そして、そこから仕入れた情報を材料に部下と対話を行ってみてください。そうすることで、**自ら組織の縦のつながりをつくることができて、あなたは組織になくてはならない存在になっていくはずです。**

# 人間関係ボックス

## 部下を取り巻く人間関係を知っているか

「人間関係」のボックスでは、部下を取り巻く組織内メンバーの深い理解を通して、部下と組織内メンバーとのつながりを見出します。また、自分以外のことを考えられる広い視野と視座を身につけてもらい、成長のサポートを行っていきます。

エン・ジャパン株式会社が、2018年に「エン転職」利用者10,776人に行った調査によると、転職経験者の半数以上53%が「人間関係が転職のきっかけになったことがある」と回答しました。そのきっかけになった人間関係の対象は以下の通りです。

先輩：45%
同僚：22%
直属の上司：18%（20代は13%）

このように、直属の上司よりも先輩や同僚との関係の方が、働くうえで重要に感じているというデータがあります。また、「今までの職場で、人間関係に難しさを感じたことはありますか？」という問いに対して、84%の方が「ある」と回答しました。私の研修などで実際に従業員の方々の声を聞きますが、**人間関係の悩みについて、その多くの理由は、相互理解の不足にあるケースが多いです。**業務の話だけではなく、お互いの考え方や価値観などについて直接話せる機会があればいいのですが、実際は難しいことも多いでしょう。

このように、部下が職場で不安なく生き生きと働いていくために、周囲との関係性は非常に重要です。しかし、はたして上司は、部下のことをそのような関係性の中で捉えているでしょうか。つまり、**部下を単体で見るのではなく、部下を取り巻く人間関係の中で立体的に見ているか、ということです**。それができれば、部下をより深く理解でき、強い信頼に基づく効果的な関わりができるようになります。

以前、こんなことがありました。あるとき、私の部下として中途で入社したAさんが、精神的な不調を理由に突然会社に来れなくなってしまいました。何となく様子がおかしいと感じたことはありましたが、「新しい職場に慣れるのに苦労しているのだな」程度にしかとらえていませんでした。

しかし、実際のところ、職場での人間関係にものすごく悩む日々だったようです。そのことを教えてくれたのは、Aさんが唯一社内で仲が良かった別部署のBさんでした。そして、そのことを知ったのは、もうAさんが辞めてしまった後でした。私は、Aさんに申し訳ない気持ちと自分への情けなさでいっぱいでした。もっと前にAさんと話せていたら。いえ、少なくともAさんとBさんの仲が良いことを知っていたら、Bさんに話を聞きにいけたかもしれません。

このように、**部下を取り巻く社内の人間関係をすり合わせることができたならば、部下の不安解消やモチベーションの向上などを支援する幅が広げられるのです**。

# 部下にとって大切な3種類の社内関係者

部下を取り巻く人間関係とひと口に言ってもたくさんあるでしょう。プライベートな友人から顧客先の担当の方など、挙げればきりがありません。しかし、その中でもマネジャーに押さえておいていただきたいのは、部下の行動や成果に関心を持っている、もしくはその影響を受けるこの3種類の社内の関係者です。

① チームメンバー
② 役員・他部署の人たち
③ 上司自身

これらの人たちについて、お互いに知らない情報や考えをすり合わせて認識を深めていきます。たとえば、**「部下が組織内でどんな人と普段接しているのか？」「その人たちを部**

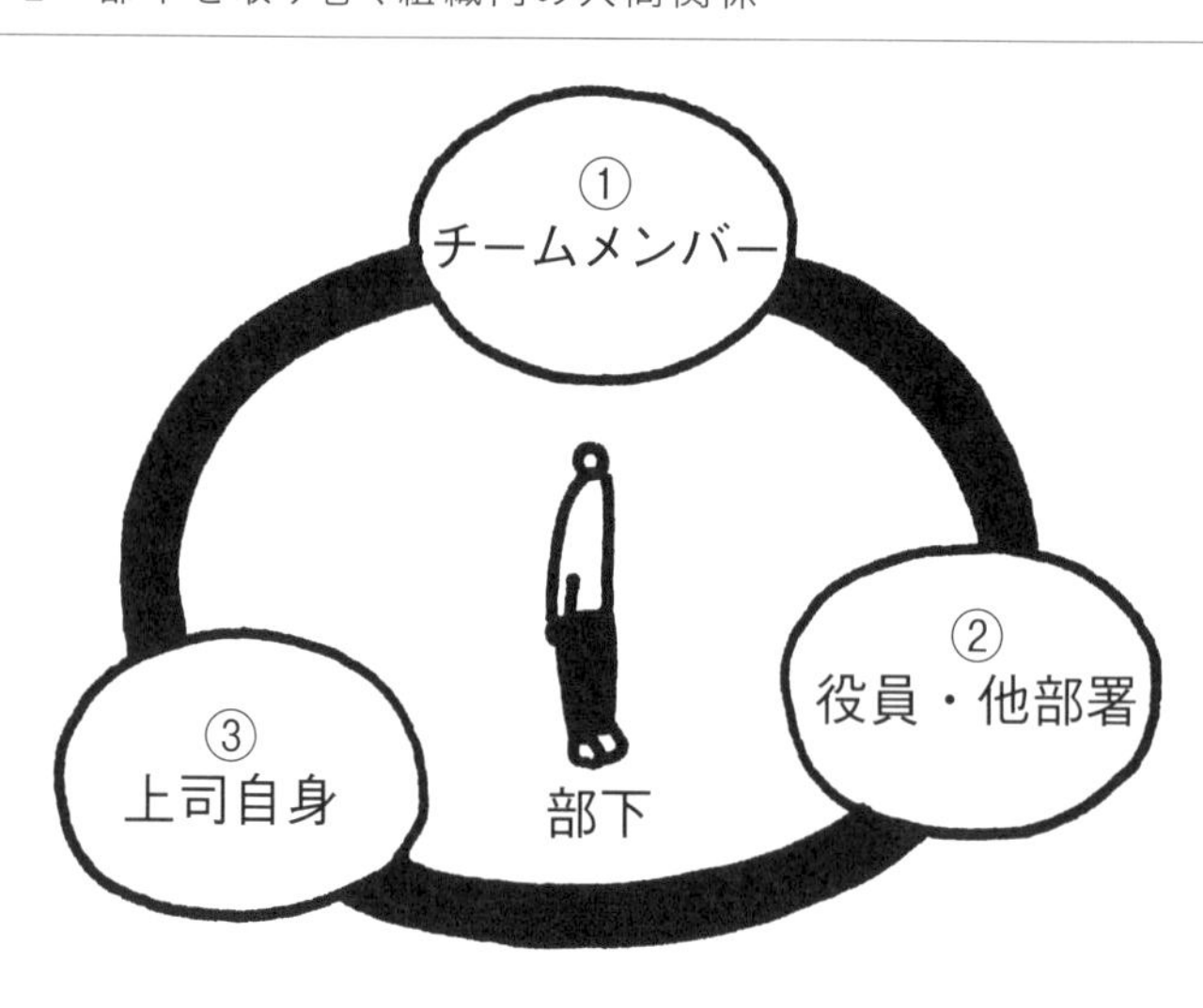


**下はどう思っているのか？」**といった、上司が知らない情報について教えてもらいます。

　またこれとは逆に、部下が知らない情報について上司が伝えていくことも重要です。人は、日常で接する人や関係性はだいたい決まっていますので、自分の見ている世界も固定化されがちです。ですから、自分の見ている世界を広げるために、少なくとも**「知る」ことが、興味が湧くきっかけになります。**いつもは知らないチームメンバーの一面を上司から教えてもらうことで、見方が変わるきっかけになるのです。

　現在、多くの企業で業務の効率化によって組織内における縦割り化が進み、周囲の人がどんな仕事をしているのかすら知らない状況があります。目先の自分の業務成果を出すことだけを考えれば、知る必要がないからです。加えて、対話が減っているので、個々の人物像など知る由もありません。もちろん、毎回話す必要はありませんが、何が部下に必要な情報かを見極めながら、意図して対話を行っていきましょう。

では、これから3つの関係者を順に見ていきます。

## 1 チームメンバー

チームメンバーとは、日常的に顔を合わせる周囲の人々や同じ部署の人たち、そしてチーム全体のことです。同じチームや周囲の人たちとの人間関係は、先述の調査にもある通り非常に重要です。

**目的としては、まず周囲の人間関係の悩みや不安の解消。そして、それにつながる離職の防止です。**とくに、人間関係の悩みについては、早い段階で察知しておくことが重要です。しかし、ストレートに「周囲の人間関係で不安なことはありますか？」と聞いても、ネガティブな本音を答えてくれる人は少ないものです。そのくらい人間関係は繊細な事柄ですので、対話の場でもそれ以外でも普段からの情報収集が大切になります。そのうえで、変化に基づいた質問ができると話をしてくれる可能性が増えます。

**【変化に基づいた質問例】**

「最近、○○さんととよくしゃべってるね？」

**「最近あんまり外にランチ行ってないみたいだけどどうしてるの？」**

「○○さんと、仕事で絡むこと増えてきたね。順調に進んでる？」

「そういえば、○○さんと学生時代から知り合いなんだってね？　彼とは学生時代も仲良かったの？」

繰り返しになりますが、**普段からの観察や会話での情報収集があると、対話がより効果的なものになります**。つまり、普段から話をしているので、信頼関係が築けていて、いざというときに話をしてもらえるのです。

また、部下にとっても、普段から聞かれて会話できていると「答え慣れ」するという効果もあります。普段、あまり上司に聞かれていないのに、急に聞かれるととても重く感じ、言い出しづらい雰囲気になります。ですから、普段の会話から周囲の人との人間関係について触れておくことが重要なのです。

次に、**目的の2つ目は、部下の視野を広げて成長を支援することです。**忙しい毎日を過ごしていると、どうしても自分の業務のこと、自分の成長のことしか考えなくなります。そのように自分のことしか見えていないと、結果として視野が狭くなって成長が鈍化します。

以前、私がコーチングをしていたあるマネジャーTさんのお話です。Tさんは、部下Kさんとの1 on 1で、よく将来キャリアについての話をしていました。しかしその話になると、Kさんはいつも悩んでしまうのです。自分がどうなりたいかわからずに不安にかられます。そんな状態が2年も続いていたそうです。それを見てTさんは、Kさんのことを「2年も自分のやりたいことがわからないダメな人」と見ていました。しかし、あるとき、将来の話をする代わりにTさんはこんな風に聞きました。

「自分の将来は置いておいて、チームメンバーにどんな貢献ができるかな？」

すると、Kさんは霧が晴れたように、語ったそうです。

「そういえば自分のことばかり考えてましたが、よく考えたら私は人の役に立っているときが一番幸せなんです。ですから、そういうことはたくさん出てきます」

このように、**もしかするとマネジャーの問いが部下の枠をつくってしまっているかもしれないのです。**ですから上司は、質問を通して、部下に周囲のことを考えてもらう機会をつくる必要があるのです。また、チーム全体について考えてもらうことで、部下の視野の拡大や視座を高める機会にもなります。

**【具体的な質問例】**

「自分の成果を上げるために、他の人に何かできることはないかな?」

**「今、チームメンバーで良いなと思う人はいますか?」**

「今のチームの課題って何があると思う?」

**「今、チームメンバーで気にかかる人はいますか?」**

「会議でチームメンバーがもっと活性化するには、どうすればいいと思う?」

**「もっとチームを良くしていくために、どんなことができるかな?」**

## 2 役員・他部署の人

会社のことをよく知っている状態とはどういうことでしょうか。そもそも、会社というのは概念であって、物理的に存在しているわけではありません。**会社とは、会社で働く人たちの活動によってつくられているものです。つまり、「会社をよく知る」とは、会社で働く人たちについてよく知ることにほかなりません。**これは、従業員エンゲージメントとも深くかかわってきます。なぜなら、人は知らない人ばかりの組織に貢献しようと思えないからです。

では、あなたは会社の人たちをどれくらい知っているでしょうか。会社が成長して大きくなってくると、こんな言葉をよく耳にします。

「最近、本当に知らない人増えたよね」
「ここうちの会社だっけ？　知らない人ばかりで何か他の会社にいるみたい」

このような状態に対して私は、やはり知る努力が必要であり、そこには優先順位があると思っています。まずは身近な周囲の人を知っていくことです。それから、自分の組織の中枢を担う経営幹部の人たちです。**その人たちのキャラクターや素性を知ることで、組織への親近感が増してきますし、組織の意思決定への共感性も高まります。**

続いて、自分が業務でかかわる他部署とそのメンバーです。この関係は仕事を進めていくうえで重要です。なぜなら一般的に人は、ネガティブな状況に遭遇したとき、そこにあまりよく知らない人がかかわっていると悪い思い込みを持ちがちだからです。

たとえば、営業部門が取り付けてきた大型案件を、それを運用する部門が規定に合わないということで、にべもなく引き受けを拒否した。そのようなとき、営業と運用部門がお互いのことをよく知らなかったらどう思うでしょうか。

反対に、お互いの部門が抱えている問題を把握できていたらどうでしょうか。やはり、お互いの人となり、そして組織の状況について知っている方が、業務を建設的な対話の元に進めていくイメージが容易につくと思います。ですから、ここでは上司が情報を提供することが重要な要素です。

役員については、中間管理職ですと直接接点がない人もいるかもしれません。その場合は、ぜひさらに上席と話をしましょう。そこで役員の考えを収集しておき、タイミングを見計らって部下に共有します。**実際、マネジャーとしては思うところがあったとしても、共有するのであれば必ず良い面を伝えてください。**それが、マネジャー自身の評価にもつながりますので。このような中間層が間接的に上席のポジティブな共有をすることは組織を強くするもっとも効果的な方法の1つですのでぜひ実行してみてください。

また、他部署についても、上司が知っていて部下が知らない情報があれば、積極的に共有していきましょう。実際、**私が部下側の人に1on1ミーティングで有意義に感じた時間を調査したとき、「上司が自分の知らない他部署の状況を教えてくれたこと」という意見が出て、多くの方が共感していました。**業務に絡む他部署の情報は、部下にとって大きな価値になるのです。

## 3 上司自身

「最近、うちの上司って何やってるんですかね?」

「なんかいつも忙しそうにしていて席にいない人、それがうちの上司です」

これらは、上司のイメージを部下の方に聞いたときの言葉です。**多くの部下は、上司が実際にどんな仕事をしているのか詳しくは知りません。**もちろん、部下は上司の仕事をマネジメントしているわけではないので、仕事の詳細を把握する必要はありません。ですが、

「今、どういう仕事に手がかかっているのか」「何に困っているのか」といったことを知らない場合が非常に多いのです。

それはなぜかというと、部下から上司に「今の仕事の状況について教えてください」と、関心を持って質問をすることがあまりないからです。さらに上司からも、部下に自分の仕事内容の詳細を自己開示する習慣もありません。プレイヤーとしても優秀なマネジャーは、独力で何でもできるので、業務を１人で抱えがちです。

一方、部下の多くは、そんな大変そうな上司を気づかっているものです。

「最近忙しそうなので、私たちにできることがあれば、振ってくれればいいんですが」

ただ、部下としても上司の業務について知らされていないので、自ら何かを伝えるということは難しいのです。上司が、**「今、こういうことで大変なんだよね」**と伝えられれば、「あ、それだったら私、今の業務が終わったらできます」という声がけが可能になるのです。

これは**上司が助かるだけではなく、部下の貢献意欲を高めることができ、信頼関係構築にもつながります**。また、上司が自己開示を進めていくことで、部署の心理的安全性を高め、部下も意見が言いやすくなるのです。

さらに言えば、上司が注力している仕事は、会社にとって優先順位が高い仕事が多いはずです。つまり、**部下からすると、「会社が今、何を大事にしているのか？」を理解することにもつながるのです。**ですから、「何をしているか？」とともに、「なぜこれを行っているのか？」「どういうところが大変なポイントなのか？」をすり合わせていくことが、上司を通じた組織理解につながります。

このように、上司が自己開示をして、上司自身の仕事や考え方を共有していくことも意識して行っていきましょう。

以上、見てきましたが、おそらく多くの方が人間関係を把握することは大事だということには同意してくださると思います。しかし短期的な成果に結びつきづらいので、どうしても優先順位が落ちることもあると思います。**実際、マネジャーは、1対1だけではなく、チームマネジメントも意識しなければなりません。**そのような観点から考えると、部下の人間関係に関心を持ち、把握しておくことの重要度は増していくと思います。できるところからぜひ始めてみてください。

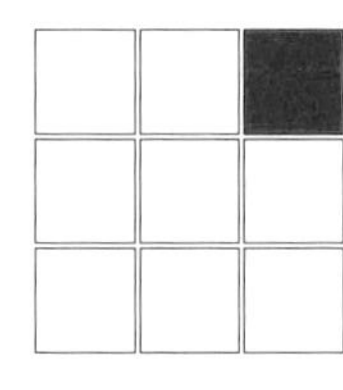

# 組織方針ボックス

## 組織の方向性の情報格差をなくす

「組織方針」のボックスでは、今後の組織の方向性についての情報を上司が伝えていくことで、意識的に他のボックスとのつながりを見出していきます。そうすることで、組織と部下の業務成果や将来キャリアとのつながりが感じられることを狙いとしていきます。

部下は、日々の業務に邁進していると、どうしても俯瞰した視点が持ちづらくなってきます。そのため自分の業務だけの視点から、チーム、部署、そして組織全体へと視野を広げていくためには、まず組織についての情報をインプットする機会が必要です。次に、その情報を自分事にするために、質問するなどして理解を深めていく対話の機会が必要です。

前者については、チーム内の会議で共有されたり、部門や会社の方針が発表される機会があれば知ることができるでしょう。

後者についても、部門の方針などを説明した後に質疑応答などで対話をする機会があるかもしれません。しかし、多くの人がいる場では、疑問に思っていてもなかなか話すことができない人も多いと思います。さらに、**人は、聞いた話をすぐに「自分は理解した」と思いがちですが、言語化できるレベルまでは理解できていないものです。**

「先日話した四半期の方針だけど、どういう風に理解した？」

こう直接問われて、やっと自分の頭を動かし始めるものです。ですから、理解度を確認し、内容を深めるために、個人と対話をする機会が必要なのです。

「すり合わせ9ボックス」の対話では、基本的に上司はまず、「いかに部下にしゃべってもらうか？」に注視することが多いですが、**このボックスは上司が率先して語る領域です。**

なぜなら、組織の上位層と下位層では、情報格差があるからです。この**情報格差を極力少**

**なくしていくことが、ここでの対話で重要なことです。とくに部長以上の上級管理職はここを手厚く伝えていきます。**そうすることで、だんだんと組織の隅々に経営の考えが浸透していきます。

では、そもそも組織の方針や方向性を上司と部下ですり合わせること、また部下が組織の方向性との接点を見出すことに、どんなメリットがあるのでしょうか。私は、このボックスをすり合わせるメリットは3つあると考えます。

1つ目は、部下が組織の方向性と業務でのつながりを見出すことで、不安が解消され、業務遂行に充実感を得られることです。2つ目は、組織の方向性と部下個人のキャリアの方向性との合致点を見出すことで、安心感が得られることです。3つ目は、価値観レベルでの組織と部下個人との接点を見出すことで、そこに所属することの誇りが得られることです。組織としては、従業員エンゲージメントが醸成できるということです。

# 組織の方針を語るにはタイミングがある

**組織の方針・施策について対話するときのポイントは、その背景の共有と他のボックスへのつながりを意識することです。**

では実際、具体的にどのような内容を、どのようなタイミングで対話していけばいいのでしょうか。ここでは、４つ紹介します。

## 1 戦略と戦術

戦略は企業にとって最重要な課題に対して立てられるものです。そして、メンバーの思考と行動の方向を定めるものです。具体的には、ある期間における戦略や方針、それに基づく各種施策などの戦術について、さらには組織体制についてです。これらは重要ですので、おそらく会議や文書での説明があるでしょう。**対話においては、それをさらに個々の**

**理解度の確認や不明点をふくめてすり合わせ、全体戦略が自分の業務とどのようにつながるかの翻訳作業を行っていきます。**

上司が全体会議で説明する場面

**上　司**「今期は売上を伸ばして市場を取っていくことを戦略としていきます。ですから、そのためにできることは何でもしていきます。採用も積極的に行っていき、広告費もかけていきます。評価の指標も今までとは変えていきます。背景としては、ここ2ヵ月で市場が20％ほど急速に広がってきているいることと、それにもかかわらず競合の動きがまだ鈍いことです。そこで、今持てるリソースを投下していくことが、市場シェアナンバー1への勝負の分かれ目と判断しました」

全体会議から数日後、ここから1対1での対話

**上　司**「全体の方針をこの前の会議で伝えたけど、**どんな風に理解してるかな？**」

**部下A**「売上に注力してくってことですよね。だから、それにかかるコストは投資として積極的にやっていくということでしょうか」

上司「うん、まったくその通り！　いいね。ちなみに、**この戦略自体はどう思う？**」**（戦略の感想や意見を確認）**

部下A「うーん、納得っていう感じです（笑）」

上司「OK。そうしたときに、Aさんの動きって具体的にどう変わっていくかな？」

部下A「単純に、お客さんに効率的に回ろうと思ってました」**（組織方針の理解確認と自分の動きに結びつける）**

上司「たしかに、それはあるよね。効率的には行いたいんだけど、そのために、まずAさん個人の戦術を決めていきたいんだよね。そのうえで、今限られたAさんの力をどこに注げばいいのか？」

部下A「そうですね。まず新規と既存のクライアントへの注力割合とかでしょうか」

上司「そうそう。どの商材をどのくらい、とか切り口がいろいろあると思うんだよね。それを、どうしたら戦略に沿った戦術にできるか考えてほしいんだよね。次回までに、自分で考えて書いてきてもらっていいかな？」

部下A「はい、自分なりに考えてきます」

このように、**戦略や戦術については、部下の業務とのつながりと意味を意識しながら対**

**話していくことが大切です。**

**【ボックス間のつながり】**

「組織方針」ボックスから「業務不安」ボックスにリンクさせる

## 2 新たに決まった制度・ルール

自部署や組織全体で決まった制度やルール、意識づけたいことの詳細情報の共有、感想や意見の収集、理解度や納得度の向上を目的に対話します。

たとえば、「営業部内での案件共有ルールについて」「法務への契約書チェック申請のルールについて」「メンター制度の実施」「新たに導入された進捗管理ツールについて」「勉強会の実施について」などです。

**実際の施策やルールが導入される際には、背景を丁寧に共有して理解度を高めます。導入されてからは、実際に体験したうえでの個人のリアルな感想や納得度、改善ついて対話していきます。**

**【ボックス間のつながり】**

「組織方針」ボックスから「業務不安」「業務改善」ボックスにリンクさせる

## 3　会社の記事や経営陣の発信について

組織が大きくなって、さまざまな事業やサービスを展開するようになると、組織の中で何が行われているのかわからなくなってきます。そうすると、将来目指しているところもわからず、組織に関心が持てなくなり、組織に所属していることの無意味さを感じてしまうようになります。すべてを知る必要はありませんが、部下の視野を広げること、組織に関心を持ってもらって所属意識を高めてもらうことは大事です。

では、どうすればいいのでしょうか。大企業の他部門のことであれば、「今、どんな事業やサービスをどんな意図でつくっているのか」は、プレスリリースされるまで知らないことも多いでしょう。**新聞記事やWebニュースではじめて目にする人もいると思います。それを、ときどき材料にして対話するのです。**そうすることで、自社がどういった方向へ進もうとしているかの理解が深まったり、自分の将来キャリアや異動希望と絡んでくることもわかります。

**上司**「今朝、隣のA事業部が新しいサービスリリースしたけど知ってる?」

**部下**「はい、チラっと見ました」

**上司**「お、チェックしてるね。あれが出てきた意味ってわかる? 今後どうしていこうと思ってるか」

**部下**「わからないです。どんな展開考えているんですか?」

このように、他の事業部やグループ会社などに興味を持ってもらわないと、「勘違い退職」が起こってしまいます。どうしたって他社に一度は目を向ける時代です。だからこそ、自社での可能性を十分に知ってもらうことはとても意義があります。それを、リリースされたものなどの新鮮で生きている材料を使って議論することが重要です。もし、上司がそれを語れなければ、上や横へ自ら聞きに行き、対話する機会をつくりましょう。

タイミングとしては、「**プレスリリースが出たとき**」「**自組織の記事やニュースが出たとき**」「**経営メンバーの個別の発信**やブログなどが更新されたとき」「Slackなど、**組織内コミュニケーション掲示板で周知されたとき**」などです。

**【ボックス間のつながり】**

「組織方針」ボックスから「将来キャリア」ボックスにリンクさせる

## 4　組織状況の進捗について

組織状況とは、組織全体で動いているプロジェクトや企画の進捗、数字の進捗です。**ここでのポイントは進捗です。**新しく何かが始まることは脚光を浴びがちですが、**「自分以外の部門や全体が今どんな進捗なのか？」**、あるいは「撤退してしまったのか？」――このような話を材料に対話をすることで、部下の視野が広がるとともに、組織の一員としての意識が高まっていくのです。たとえば、「全体の数字やプロジェクトの進捗と今後の展開」「新規事業の参入・撤退」「出されていた企画が採用になった理由・不採用になった理由」「他部署の状況」などを材料にします。

**【ボックス間のつながり】**

「組織方針」ボックスから「業務改善」「人間関係」ボックスにリンクさせる

繰り返しになりますが、**これらの話は毎回する必要はありません。** 組織方針については、あくまで、文脈を考えながら必然性のあるタイミングで話すことがポイントになります。

たとえば、**「新たに入社したとき」「昇格時」「今後の方針が出たとき」「上司が参加した会議のフィードバックをするとき」「全体会議で話をした後に理解度確認するとき」** などがそれに適したタイミングです。

# マネジメントが「単なる連絡係」になっていないか

このように、組織内で起こっていることを、個別に調整して伝えていくことは非常に大切です。それではそもそも、これらを行わないと一体何が起こるのでしょうか。

あるとき、それを象徴する言葉をある人からもらいました。

**「うちの上司って単なる連絡係なんですよ！」**

ふと、その人が漏らした本音です。つまり上司は、自分が得た情報を、議事録を見ればわかるような表面的な言葉で、右から左にしか伝えられていないのです。そしてさらにその方は続けました。

「会社のことも好きですし、本当はもっとやれることもあると思うんです。でも、**何をやっているかわからないし、知る必要もないって言われているように感じます**」

情報が深く伝わらないことで、やる気が削がれているのです。まだ、話は続きます。

「上司が、正直何を考えているかわからないんですよね。会社の流れも踏まえて、私にこうしてほしいとか言ってくれれば、もっとがんばれるんですけど」

ひょっとしたら、この発言が自立的でなく、甘えに聞こえる人もいるかもしれません。

しかし、**まだまだマネジャーができることの可能性を、的確に示唆してくれているのでは**

**ないでしょうか。**私自身、このお話を聞きながら身が引き締まる思いでした。

# なぜ多くの上司は「逆ホウレンソウ」できないのか

では、なぜ上司は部下に必要なことを伝えられないのでしょうか。それは、**上司自身もそういう風にされてこなかったので、その必要性を感じていないからです。**

ホウレンソウは、言わずと知れた「報告・連絡・相談」で、その根底には下の者が上の者にする行為という意識があります。新入社員研修では定番の内容で、多くの人がここでその考えを学びます。しかし、マネジャー研修では「部下にホウレンソウを行いましょう」という内容は習いません。

しかし、社会の流れは変わってきています。上意下達で言われたことをやっていればいい時代は終わり、部下たちも自分で考えなければいけないからこそ、上司は彼らが考えるための情報を開示する必要が出てきました。実際、私の知る優秀なマネジャーは、部下に積極的に相談をしたり、自分が持っている情報や意見を部下に伝えています。私はこの**上司から部下へのホウレンソウを「逆ホウレンソウ」と呼んでいます。**頭では必要とわかっているが、なかなか行うのは難しい、という人は多いと思います。しかし、ちょっとした心がけで大きく変わります。

たとえば、部の代表として出ている会議中に、この内容をどのように部下に伝えればいいかを考えてみます。すると、自分がうまく説明できないことや納得できない議題には、深く追求するようになります。このように、**自分の今の職責が「役割」であり、メンバー全員が持つ権利を意識するようになれば、組織方針を材料に、とても有意義な対話が可能になります。**

マネジャーの価値とは、ただ情報を伝えるだけではなく、その背景や意味を加えて伝えていくことです。さらに、それが「部下にとってどのような意味を持つのか」「具体的にどうしてほしいのか？」——それを、一方的な伝達ではなく、部下の意見を聞いて理解度を確認しながら、納得感を醸成させていきます。ここまでできると、単なる情報の連絡係からマネジャーという役割を立派に果たしたということになるのです。

一見大変なように見えるかもしれませんが、**部下との信頼関係構築のポイントは、この情報開示だけなのだと、ある方に教えてもらいました。**少しの心がけで、そのくらいインパクトのあるものだと思ってぜひ取り組んでみてください。

## おわりに

# 対話型マネジャーは自己との対話を土台にする

本書では、これからの時代を組織が勝ち抜くための処方箋として、その鍵を握るマネジャーに対して、上司と部下の対話の手法をお伝えしてきました。この対話により、まだ開花していない個人のポテンシャルを引き出し、活用していくことが可能になるはずです。

対話には2つの種類があります。

それは、他者との対話と自己との対話です。

本書では、マネジャー視点での他者との対話手法について述べてきました。そのうえで、さらに他者との対話を洗練させていく鍵は、自己との対話を行っていくことにあると私は思っています。

自己という存在は1つではありません。肉体としては1つですが、心の中には何人もの自分が存在していると考えます。これについて、芥川賞作家の平野啓一郎さんは「分人主義」という考えでご説明されています。さまざまな顔を持つ自分1つひとつを分人として定義し、その集合体が個人である、としています。

今、世の中では、持続可能な成長をするために、「ダイバーシティ&インクルージョン」の必要性が叫ばれています。そしてこの、個々の「違い」を受け入れ、認め合い、活かしていく行為は、実は個人の内側でもまったく同じように必要です。自分の中の分人の違いを受容して活かしていくのです。そのためには、自分の中のさまざまな声や考えに意識を向けて知ること。つまり、自己対話をすることが必要なのです。

そして、この自己対話を進めるためにも、本書の手法はおおいに活用できると私は信じています。自己対話をすることで、もう1人の自分から、思いがけない気づきや発見をもらうことができます。

今までのマネジメントの限界は、実はここにあると思っています。つまり、有能なマネジャーほど、「自分はこれだ」という軸が定まり、1つに固定化されて自動反応になっていくのです。もちろん、定型的な業務はそれでいいでしょう。しかし、さらに組織が進化していくためには、対話を通して、新たな正解をつくっていくプロセスが必要になっているのです。

このように、自分の中の他の存在について想像をめぐらせて、自己を深く理解するほど、他者の中にも、さまざまな存在があると感じられるようになるでしょう。そして、そのことが、相手への敬意や尊重をもたらし、効果的なコミュニケーションの土台になるのです。つまり、本書で「スキル」としてお伝えしたリアルな対話の「やり方」を機能させるためには、その土台となる「あり方」がやはり必要なのです。

その「あり方」を育ててくれるのが自己との対話です。ですから、他者との対話をしていく一方で、今一度自分の中にも戻り、自己対話を行ってみてください。

最後に、本書では多くのことをお伝えしたので、対話を継続させていくことは、一見大変なことのように思えるかもしれませんが、コツさえつかんでしまえば当たり前のことになってきます。そして、組織において対話の場が確立されることは、間違いなくこれからの企業の競争力の源泉になるでしょう。それとともに今後、対話型マネジャーの存在は、一組織においても社会全体においても、ますます重要になってくるはずです。マネジャーの方々には、大変なこともあると思いますが、自身の人間的成長を楽しみながら実践していってもらいたいと思います。そんなマネジャーをこれからもずっと応援してまいります。

## 謝辞

本書執筆にご協力いただきました佐藤邦彦さん、石﨑勝俊さん、小島準也さん、熊谷豪さん、田口弦矢さん、桜井康仁さん、小林大介さん、また、いつもお世話になっているVOYAGE GROUPの宇佐美さん、永岡さん、小賀さん、宮野さん、後藤さん、大橋さん、田尻さん、加藤(伸)さん、黒田さん、清水さん、佐々木さん、人事の皆さん、ご相談させて頂き本当にありがとうございました。そして、粘り強く企画を育んでくださった日本能率協会マネジメントセンターの岡田茂さん、同じく編集担当の新関拓さんには、締切の厳しい中、最後まで温かい承認マネジメントをして頂きとても助かりました。さらに、本書の制作にあたり、たくさん相談させて頂き、助言を頂きましたチーム・ソクラテスの田代哲也さんに心から御礼申し上げます。また、直接間接にご協力頂きましたすべての皆さんに深く感謝申し上げます。

最後までお読みいただき本当にありがとうございました。

**世古詞一**（せこ・のりかず）

株式会社サーバントコーチ代表取締役。株式会社 VOYAGE GROUP フェロー。1973 年生まれ。千葉県出身。組織人事コンサルタント。1on1 ミーティングで組織変革を行う 1on1 コミュニケーションの専門家。早稲田大学政治経済学部卒 Great Place to Work® Institute Japan による「働きがいのある会社」2015、16、17 中規模部門第一位の（株）VOYAGE GROUP の創業期より参画。 営業本部長、人事本部長、子会社役員を務め 2008 年独立。コーチング、エニアグラム、NLP、MBTI、EQ、ポジティブ心理学、マインドフルネス、ストレングスファインダー、アクションラーニングなど、10 以上の心理メソッドのマスタリー。クライアントは、一部上場企業から五輪・プロ野球選手など一流アスリートまでと幅広く、コーチ・コンサルタントとして個人の意識変革から、組織全体の改革までのサポートを行う。著書：『シリコンバレー式 最強の育て方 ―人材マネジメントの新しい常識 1 on1 ミーティング―』（かんき出版）がある。メルマガ【個人と組織の変革のヒント】。

---

**対話型マネジャー**

**部下のポテンシャルを引き出す最強育成術**

2020 年 6 月 10 日　初版第 1 刷発行
2023 年 12 月 25 日　　　第 8 刷発行

著　者——世古詞一

発行者——張 士洛
発行所——日本能率協会マネジメントセンター
〒 103-6009 東京都中央区日本橋 2-7-1 東京日本橋タワー
TEL 03(6362)4339(編集)／03(6362)4558(販売)
FAX 03(3272)8127(編集・販売)
https://www.jmam.co.jp/

装　　丁——三森健太（JUNGLE）
イラスト——加納徳博
本文 DTP——株式会社 RUHIA
印刷・製本——三松堂株式会社



ISBN 978-4-8207-2787-3 C2034
落丁・乱丁はおとりかえします。
PRINTED IN JAPAN